1판 1쇄 발행 2016년 2월 5일 | **1판 2쇄 발행** 2017년 1월 25일
2판 1쇄 발행 2021년 11월 30일 | **2판 2쇄 발행** 2025년 7월 18일

글쓴이 이기규 | **그린이** 박종호
펴낸이 홍석 | **이사** 홍성우 | **편집부장** 이정은
편집 오미현, 조유진, 노한나 | **개정판 편집 진행** 박보람 | **디자인** 이한나, 김영주
마케팅 이송희, 최은서 | **제작** 홍보람 | **관리** 최우리, 정원경, 조영행
펴낸곳 도서출판 풀빛 | **등록** 1979년 3월 6일 제2021-000055호
주소 서울특별시 강서구 양천로 583 우림블루나인 A동 21층 2110호
전화 02-363-5995(영업) 02-362-8900(편집) | **팩스** 070-4275-0445
전자우편 kids@pulbit.co.kr | **홈페이지** www.pulbit.co.kr
블로그 blog.naver.com/pulbitbooks | **인스타그램** instagram.com/pulbitkids

ISBN 979-11-6172-388-4 74330
　　　979-11-6172-283-2 (세트)

ⓒ 이기규 2016, 2021

*책값은 뒤표지에 표시되어 있습니다.
*파본이나 잘못된 책은 구입하신 곳에서 바꿔드립니다.

품명 아동 도서　**사용연령** 8세 이상
제조국 대한민국　**제조년월** 2025년 7월 18일
제조자명 도서출판 풀빛　**연락처** 02-363-5995
주소 서울특별시 강서구 양천로 583 우림블루나인 A동 21층 2110호
주의사항 종이에 베이거나 긁히지 않도록 조심하세요.
　　　　　책 모서리가 날카로우니 던지거나 떨어뜨리지 마세요.
KC마크는 이 제품이 공통안전기준에 적합하였음을 의미합니다.

교육, 무엇이 문제인가?

"19세기 교실에서 20세기 선생님들이 21세기 아이들을 가르친다."라는 말이 있습니다. 학생들은 날로 성장하고 있는데 우리나라 교육 시스템은 그대로인 현실을 풍자적으로 표현한 말이지요. 우리나라 교육 시스템이 달라지지 않는 이유는 무엇일까요? 혹시 너무 획일적인 목표를 향하고 있기 때문이 아닐까요?

우리나라 교육 현장에서 가장 중요하게 여겨지는 것은 대학 입시입니다. 어느 대학교를 졸업하느냐에 따라 사회적으로 얻을 수 있는 이점이 너무 많이 달라지기 때문입니다. 소위 '명문 대학교'라고 불리는 대학교를 졸업하면 취직에서도 유리할 수 있고, 사회적으로도 인정받지요. 그래서 명문 대학교에 진학하기 위해 초등학교 때부터 경쟁을 하고 사교육에 매

달립니다.

  이러한 교육 현실은 여러 가지 문제를 야기합니다. 매년 성적 비관으로 스스로 목숨을 끊는 학생들의 기사가 신문에 오르내리고, 부정한 방법으로 좋은 학교에 입학하기 위한 교육 비리 사건도 끊이지 않습니다. 또한 지나친 사교육비 지출로 가정 경제가 흔들리고, 매년 대입 시험의 실시 방법과 그 결과에 따라 학생들의 희비가 교차되기도 합니다.

  그런데 정작 교육 문제를 고스란히 피부로 느끼는 여러분은 교육 문제에 대해 심각하고 진지하게 토론해 보거나 생각할 기회가 거의 없습니다. 이 역시 입시 위주의 교육 시스템 때문입니다. 성적 올리기에 매진하느라 본인들의 문제에 대해서 진지하게 고민하고 의견을 피력할 기회조차 박탈

 당하고 만 것입니다. 이제는 단순히 교육을 받는 사람이 아닌 교육의 주체로서 여러분 스스로 교육에 대해 고민해야 합니다.

 우리는 왜 공부를 해야 할까요? 시험은 왜 보는 걸까요? 교육 내용은 어떻게 정해지는 걸까요? 무엇보다 영어 공부가 중요하다는데 정말 그럴까요? 대학에서는 어떤 것을 배우는 걸까요? 이 책은 교육의 여러 가지 문제를 토론 거리로 삼아 여러분과 함께 이야기해 보고 이를 바탕으로 정말 올바른 교육이 무엇인지 고민하기 위해 시작되었습니다. 또한 학습, 수업, 시험, 평가, 과목, 입시, 대학, 학문 같이 여러분 생활과 밀접하게 관련되어 있지만 그 의미는 제대로 알지 못했던 용어들을 하나하나 곰곰이 되새기도록 했습니다.

 '교육은 백년대계'라는 말이 있습니다. 백 년을 내다보고 계획해야 할 만큼 중요하다는 말입니다. 이 책을 통해 여러분이 우리나라 교육에 대해 고민해 보고, 내가 생각하는 바람직한 교육이란 무엇인지, 우리나라 교육이 나아갈 방향은 무엇인지 진지하게 생각해 보기를 바랍니다.

이기규

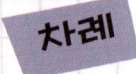 차례

작가의 말 004

1장 우리나라 사교육, 문제는 없는 걸까?

쟁점 1) 공부는 대학 진학, 취직과 같은 목적을 이루기 위해 필요해
　　　　vs 공부는 공부하는 행위 자체로 의미가 있어 022

쟁점 2) 선행 학습은 필수야
　　　　vs 선행 학습을 하면 학교 수업에 흥미가 없어질 수 있어 030

쟁점 3) 사교육으로 교육의 질을 높일 수 있어
　　　　vs 사교육은 교육을 불평등하게 만들어 039

함께 정리해 보기 사교육과 관련된 쟁점 049

2장 올바른 평가는 무엇일까?

쟁점 1) 상대 평가가 학습에 도움이 돼
　　　　vs 절대 평가로 경쟁 교육을 막아야 해 059

쟁점 2) 지필 평가가 가장 효과적인 평가 방법이야
　　　　vs 수행 평가를 해야 공부의 과정도 평가할 수 있어 066

쟁점 3) 일제 고사는 학력 향상에 도움이 돼
　　　　vs 일제 고사는 불필요한 경쟁만 부추겨 074

함께 정리해 보기 올바른 평가와 관련된 쟁점 083

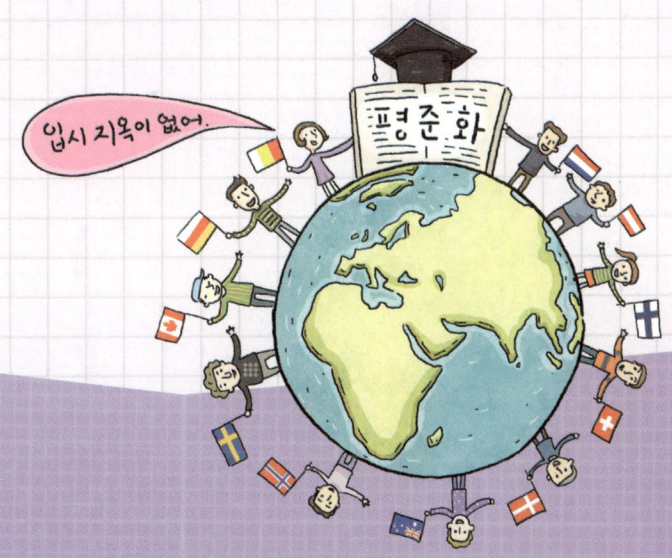

3장 경쟁이냐, 협동이냐

쟁점 1) 성적순으로 혜택을 주는 건 당연해
vs 성적순으로 혜택을 주는 것은 올바른 교육이 아니야 093

쟁점 2) 수준별 이동 수업은 합리적인 제도야
vs 수준별 이동 수업은 불필요한 제도야 102

쟁점 3) 특수 목적 고등학교와 국제 중학교가 효과적이야
vs 혁신 학교가 더 효과적이야 111

함께 정리해 보기 교육 경쟁과 관련된 쟁점 119

4장 우리나라 대학 입시 제도는 올바른가?

쟁점 1) 수능 제도는 합리적이야 vs 수능 제도는 문제가 많아 128
쟁점 2) 대학 평준화는 불가능해 vs 대학은 평준화해야 해 139
쟁점 3) 대학은 취업을 위한 곳이야 vs 대학은 학문 연구를 위한 곳이야 148

함께 정리해 보기 대학 입시 제도와 관련된 쟁점 157

5장 영어 공부는 정말 중요할까?

쟁점 1) 영어가 가장 중요해 vs 영어보다 중요한 공부가 더 많아 166

쟁점 2) 조기 유학은 영어 공부에 도움이 돼
 vs 조기 유학은 문제가 많아 173

쟁점 3) 영어 몰입 교육은 글로벌 시대에 필수야
 vs 과도한 영어 교육은 부작용을 일으켜 182

함께 정리해 보기 영어 공부와 관련된 쟁점 191

1장 우리나라 사교육, 문제는 없는 걸까?

사교육은 국가가 관리하는 유치원이나 학교와 같은 국·공립 교육 시설 밖에서 행하는 교육을 말합니다. 대체로 공교육의 부족한 부분을 보완하기 위해 사교육을 하지요. 그러나 우리나라에서는 사교육이 도를 넘어 공교육을 위협하는 지경에 이르렀습니다. 바로 입시 위주의 교육 시스템 때문입니다. 이 장에서는 공부의 목적에 대해 이야기하고, 사교육의 주된 목적인 선행 학습이 꼭 필요한지 진단합니다. 마지막으로는 사교육이 많아질수록 교육의 질을 높이는지, 아니면 교육을 불평등하게 하는지 알아봅니다.

'사교육은 문제가 없다.' 팀

찬민   진우   희수

사교육은 전혀 문제 될 게 없어. 목적을 이루기 위해 공부를 하는 만큼 그 목적을 빨리 달성하려면 학교 밖에서도 열심히 공부해야 해. 그래서 사교육의 도움이 꼭 필요하지. 특히 학원에서 하는 선행 학습은 성적을 올리기 위해 꼭 필요해. 배울 내용을 예습하기 때문에 공부에 많은 도움이 돼. 뿐만 아니라 사교육은 공교육과 달리 교육을 받는 사람이 필요한 부분을 자유롭게 요구하거나 선택할 수 있기 때문에 교육 전체의 질을 높이지. 우리나라 사교육 시장이 과열되었다고도 하지만 사교육이 발전했기 때문에 이만큼 교육 환경이 나아진 거야.

'사교육은 문제가 있다.' 팀

민서   도현   수민

우리나라 사교육은 너무 과열되어 있어서 큰 문제야. 공부하는 과정에서 기쁨과 성취감을 느껴야 하는데, 성적과 입시 위주의 사교육 시장이 만연하니까 학생들이 스트레스를 받으면서 공부하게 되는 거라고. 특히 선행 학습은 학생들 수준에 맞지 않은 어려운 내용을 배우게 해서 좌절감만 안겨 줘. 게다가 사교육은 많은 비용이 들어. 사교육비를 많이 지불할 능력이 있는 사람에게만 기회가 주어지지. 결국 사교육은 교육 불평등을 조장하는 거야.

우리나라 사교육, 문제는 없는 걸까?

 찬민이는 토론반 교실에 오자마자 한숨을 푹푹 쉬었다.
 "학교 끝나고 곧바로 학원에 가는 거 잊지 마!"
 부모님의 목소리가 귓가에 맴돌았다. 찬민이는 쉬는 시간도 없이 학교 수업을 마치고 학원에 갔다가 밤 열 시가 되어 집에 오면, 또 학원 숙제와 학교 숙제를 하는 일을 반복하였다.
 "찬민아, 안녕!"
 등 뒤에서 단짝 친구 진우의 목소리가 들려왔다. 진우는 같은 반은 아니지만 같이 토론 동아리를 하면서 친해졌다. 찬민이는 논리적이고 차분하게 발표하는 진우가 마음에 쏙 들었다.
"어, 진우구나."
찬민이는 힘없는 표정으로 진우를 바라보았다.
"왜 그리 풀이 죽어 있어! 부모님께 잔소리라도 들었어?"
"도대체 공부 같은 건 왜 하는 것일까? 어른들은 공부하라는 말만 하지 왜 하는지는 알려 주지 않잖아. 대체 공부는 왜 해야 하는 걸까?"
진우는 찬민이의 고민을 듣고 곰곰이 생각에 잠겼다.

"그러게. 그러고 보니 공부를 왜 해야 하는지 제대로 알려 주는 어른들은 없었던 거 같아."

그때였다. 문이 열리면서 찬민이와 같은 반인 민서의 밝은 목소리가 들렸다.

"왜 이리 심각한 얼굴들이야? 오늘도 즐겁게 공부해야지. 안 그래?"

민서의 말에 찬민이는 고개를 가로저었다.

"너처럼 매사 긍정적인 애들은 날 절대 이해하지 못할 거야."

"아니, 왜 그래? 무슨 일 있어?"

진우가 차분한 목소리로 민서에게 찬민이의 고민을 설명했다.

"공부를 왜 하냐니? 그거야 새로운 것을 배우면 즐거우니까 하는 거지."

"그건 좀 설득력이 없지 않아? 공부에는 분명 목적이 있어. 목적이 없다면 공부를 할 이유가 있겠어?"

찬민이의 고민은 어느새 진우와 민서에게 옮겨 가고 있었다. 이윽고 토론반 아이들이 하나둘 들어오고 맨 마지막으로 희수가 들어왔다. 도현이가 희수에게 핀잔을 주었다.

"왜 이렇게 늦게 와. 오늘 모여서 다음 주 토론 거리 정하기로 했잖아."

"어쩔 수 없었어. 음악 시간에 학원 문제집을 풀다 선생님한테 걸려서 빼앗겼단 말이야."

희수의 얼굴이 울상이 되었다.

"다 못 풀고 가면 학원 선생님이 가만있지 않을 텐데. 학원에선 왜

중학교 문제집을 풀게 하는지……. 어려워서 푸는 시간도 오래 걸리니까 학교 수업 시간에까지 문제를 풀게 되는 거잖아."

"그래도 좋은 고등학교, 좋은 대학교에 가기 위해선 어쩔 수 없어. 초등학교 수학만 알려 주는 학원에 누가 가겠어."

옆에서 이야기를 듣던 진우가 한마디 거들었다. 그때 문이 열리고 토론반 선생님이 들어왔다.

"한 주 동안 잘 지냈니? 어? 그런데 찬민이와 희수는 무슨 일이 있나

보네?"

"찬민이가 공부 때문에 고민이 많은가 봐요."

진우가 찬민이 사정을 간단히 설명했다.

"그리고 희수는 수업 시간에 학원 문제집 풀다 압수당했대요."

민서의 말에 희수가 고개를 숙였다.

"너희 요새 학원 숙제가 많구나?"

"네, 양도 많은데 중학교 문제를 풀어야 해서 더 오래 걸려요."

"그래도 어쩔 수 없지. 중학교 공부를 미리 하지 않으면 뒤처질 수 있단 말이야."

진우가 당연하다는 듯이 말했다.

"하지만 미리 배운다고 다 좋을까? 중학교 내용은 어려워서 배우기도 힘들고 난 괜히 시간만 낭비하는 것 같아. 노력에 비해 효과가 적다는 말이지."

"맞아, 난 미리 배우는 거 반대야. 괜히 머리만 아파. 어려운 거 배운다고 공부를 더 잘하는 것도 아니고……."

민서와 수민이의 이야기를 가만히 듣고 있던 선생님이 말문을 열었다.

"너희 이야기를 들어 보니 모두 학원 공부에 대해 고민하고 있는 것 같구나. 그럼 이번 토론의 주제는 우리나라 사교육에 대해 이야기해 보면 어떨까?"

그러자 찬민이가 손을 번쩍 들었다.

"저는 우선 공부를 왜 해야 하는지 잘 모르겠어요. 이것부터 먼저 이야기해 보면 안 될까요?"

"그래? 다른 친구들은 공부를 왜 해야 한다고 생각하니?"

"일단 공부에는 목적이 있잖아요. 저는 대학 진학이나 취직을 위한 목적으로 지식을 배우는 것을 공부라고 생각해요."

진우가 차분하게 대답했다. 하지만 도현이는 고개를 저었다.

"그게 공부의 진정한 목적이라고 생각해? 공부는 공부 그 자체에 목적이 있는 거야."

"내 말이!"

민서가 도현이 말에 맞장구를 쳤다.

"흠, 너희 이야기를 들어 보니 토론 거리가 될 수 있겠는걸? 좋아. 그럼 사교육에 대한 첫 번째 토론 거리는 공부를 하는 이유로 하면 어떨까?"

"좋아요! 진우와 제가 한 팀이 되면 될 것 같아요."

찬민이는 단짝 진우의 말에 어느새 설득이 되었는지 같은 팀이 되겠다고 나섰다. 그때 희수가 조용히 손을 들고 말했다.

"나도 그 팀으로 할게."

희수도 공부를 왜 하는지에 대해선 진우와 생각이 비슷했기 때문이다.

"그럼 저희는 도현이, 수민이, 저 이렇게 세 명이 한 팀으로 할게요. 수민이는 제가 하는 말은 모두 믿어 주거든요."

"뭐라고?"

민서의 말에 수민이와 도현이가 황당하다는 듯한 표정을 지었다.

"자, 어찌 되었든 토론 팀이 정해졌으니 토론 준비만 남았구나. 모두 준비 철저히 해 오는 거 알고 있지?"

"네! 선생님!"

아이들이 힘차게 대답했다.

찬민이는 고민을 다 해결할 수 있을지 의심스러웠지만 은근히 이번 토론이 기대되었다.

공부는 대학 진학, 취직과 같은 목적을 이루기 위해 필요해 vs 공부는 공부하는 행위 자체로 의미가 있어

드디어 첫 번째 토론 시간이 되었다. 찬민이는 크게 심호흡을 하고 토론반 교실 문을 열었다. 이미 같은 팀인 희수와 진우가 도착해 있었다.

"왔어?"

진우와 희수가 미소를 지으며 찬민이를 반겼다. 든든한 친구 진우의 모습을 보니 찬민이는 마음이 놓였다. 잠시 후 도현이와 수민이, 민서가 교실로 우르르 들어왔다.

"야! 우리보다 먼저 와 있네. 오늘 준비는 잘했니?"

민서가 들뜬 목소리로 말했다.

"그, 그럼!"

찬민이가 긴장감을 감추려는 듯이 큰 소리로 말했다.

"좋아! 그럼 우리 열심히 토론해 보자!"

민서가 주먹을 불끈 쥐었다. 이윽고 토론반 선생님이 들어왔다. 아이들은 팀별로 자리에 앉았다.

"이번 토론 주제는 여러분도 알다시피 '우리나라 사교육, 문제가 없을까?'입니다. 먼저 오늘 진행할 첫 번째 토론 거리는 바로 공부의 목적을 묻는 근본적인 질문입니다. 공부는 대학 합격이나 취직하는 것을 목표로 하는 것일까요? 아니면 그 자체로 의미가 있는 일일까요? 지금부터 여러분의 생각을 이야기해 주기 바랍니다. 먼저 공부는 대학 합격이나 취직하는 것을 목표로 한다고 주장하는 팀부터 시작하죠."

선생님의 말이 끝나고 희수가 일어나 발표를 시작하였다.

"공부의 사전적인 뜻을 알아보면 '학문이나 기술을 배우고 익히는 것'이라고 합니다. 우리가 자전거를 배우는 것은 자전거를 타기 위해서이고, 국어를 배우는 것은 말하고, 듣고, 쓰고, 읽는 방법을 알기 위해서입니다. 이처럼 공부에는 특별한 목적이 있습니다. 우리가 학교나 학원에서 공부를 하는 이유도 간단합니다. 대학에 진학하거나 취직을 하기 위해서입니다. 대학에 가지도, 취직을 하지도 않는데 단지 공부만 해야 한다면, 공부를 하려고 하는 사람이 얼마나 될까요? 원시 시대에 고기를 잡고 사냥을 하는 방법을 공부한 것도 살아남기 위해서였고, 조선 시대에 공부를 한 이유도 당연히 과거 시험에 합격하기 위해서가 아닐까요? 그런 의미에서 저희 팀은 공부를 하는 이유는 당연히 특별한 목적을 이루기 위해서라고 생각합니다. 이상입니다."

조목조목 이야기하는 것을 좋아하는 희수가 설명을 마치고 자리에 앉았다. 곧바로 민서가 일어나 반대 주장을 폈다.

"여러분은 공부를 하면서 뿌듯한 기분이 들었을 때가 있나요? 저는 어려운 수학 문제를 푸느라 몇 시간 동안 낑낑대다가 문제를 해결했을 때 매우 기뻤습니다. 만약 대학 진학을 위해서만 수학 공부를 한다면 이런 뿌듯한 기분은 알지 못했겠지요. 문제를 해결했을 때 기쁨을 느끼는 것은 공부하는 과정에서 이루어지는 일이기 때문입니다. 그런 의미에서 저는 공부는 공부 자체로도 충분히 의미가 있다고 생각합니다."

희수와 달리 민서는 자신의 경험을 예로 들어 생생하게 설명했다. 선생님이 미소를 지으며 희수와 민서의 발표 내용을 정리해 주었다.

"양 팀의 이야기 잘 들었습니다. 희수는 자전거를 타기 위해 기술을 익혀야 하는 것처럼 우리가 공부를 하는 이유도 특별한 목적을 가지고 있다고 주장했습니다. 반면 민서는 공부하면서 느끼는 성취감과 뿌듯함은 공부하는 과정에서 얻는 것이기 때문에 공부 자체로 의미 있다고 주장했습니다. 자, 이제 양 팀의 반론을 시작하겠습니다."

선생님의 말이 끝나고 진우가 나서서 민서의 주장에 반론을 시작했다.

"민서의 말대로 공부를 하면서 성취감과 뿌듯함을 느낄 수 있다는 것은 인정합니다. 하지만 그것이 정말 공부의 목표가 될 수 있을까요? 과연 대학에 진학하지도 않고 고등학생으로 머물면서 공부 자체를 즐겁게 생각하는 사람이 있을까요? 취직 시험에 합격하지 않고도 공부만 하는 생활을 만족하는 사람이 있을까요? 아주 먼 옛날에는 공부 자체

를 즐겁게 생각하는 사람들도 있었을지 모릅니다. 하지만 요즘은 다릅니다. 공부의 척도를 증명할 수 있는 많은 시험들이 생겼고, 사람들은 시험 성적 또는 자격을 통해 공부한 바를 평가받습니다. 그리고 시험에서 좋은 성적을 거두어 좋은 학교에 가거나 좋은 직장에 취직할 때 비로소 성취감을 느낍니다. 그런 의미에서 저희 팀은 취직이나 대학 진학

등 특별한 목적을 이루기 위한 수단으로 공부를 하고, 이를 통해 더 많은 성취감을 느낄 수 있다고 주장합니다."

차분하고 논리적인 진우의 주장에는 묘한 설득력이 있었다. 진우의 반론이 끝나자 수민이가 일어나서 반론을 시작했다.

"공부가 대학 입학이나 취직을 위해 하는 것이라고 한다면, 대학에 입학하지 않거나 취직을 하지 않겠다고 결심한 사람들에게 공부는 필요 없는 것일까요? 한국 교육 개발원(KEDI)의 「한국 성인의 평생학습 실태」에 따르면, 2024년 기준 만 25~79세 성인의 평생학습 참여율은 33.1퍼센트로 경제 협력 개발 기구(OECD) 회원국 평균인 50퍼센트보다 낮다고 합니다. 공부를 대학 진학이나 취업을 위한 도구로 생각하니까 이런 현상이 나타나는 것입니다. 공부는 단순히 목적을 이루기 위한 도구가 아닙니다. 사람이 성장해 가는 과정 안에서 평생 함께하는 것이 바로 공부라고 생각합니다."

수민이가 확신에 찬 얼굴로 자리에 앉았다. 두 사람의 토론 열기가 금세 교실 안을 뜨겁게 만들었다. 달아오른 열기 속에서 선생님이 차분하게 입을 열었다.

"두 팀의 활기찬 토론 잘 들었습니다. 각 팀에서 마지막 정리 발언을 하기 전에 일러둘 말이 있습니다. 마지막 정리 발언을 하면서 제가 제시하는 질문을 함께 정리해 주었으면 합니다."

아이들은 선생님의 말에 눈을 맞추며 집중했다.

"먼저 공부 자체에 의미가 있다고 주장하는 팀에겐 개인의 관심사와

는 상관없이 세상이 변하면서 배울 필요가 생긴 것들, 예를 들면 스마트폰 사용법을 공부한다거나 컴퓨터 사용법을 공부하는 것 역시 공부하는 과정 자체에 의미가 있다고 할 수 있는지 궁금하네요. 그리고 공부는 목적을 위한 수단이라고 주장하는 팀에게 묻겠습니다. 예전에는 가치 있게 여겨져 공부했지만, 대학 진학과 취직에 도움이 되지 않는 것, 예를 들면 환경 문제나 타인에 대한 배려, 예의와 같은 것들은 이제는 공부할 필요가 없는 것일까요? 이 문제들을 정리하여 최종 변론에서 같이 이야기해 주기 바랍니다."

선생님의 말을 듣고 아이들은 팀별로 잠시 이야기하는 시간을 가졌다. 양 팀 모두 선생님이 제시한 문제들에 대해 깊은 이야기를 나누었다. 몇 분의 시간이 더 지나고 양 팀의 최종 변론 시간이 돌아왔다. 먼저 찬민이가 이야기를 시작했다.

"공부를 왜 하는 것일까요? 저희 팀은 취직이나, 대학 진학과 같은 특별한 목적이 있어서 공부를 하는 것이라고 주장했습니다. 공부하는 데에는 다 목적이 있다는 것이지요. 과거에는 가치 있는 것으로 여겨졌으나 오늘날에는 그 가치가 퇴색한 것들이 있습니다. 예를 들면 사람에 대한 예절과 배려, 존중과 같은 것들이지요. 하지만 우리는 여전히 그 가치를 배웁니다. 그것은 사회의 안녕과 질서를 유지하기 위해 꼭 필요한 가치이기 때문입니다. 이처럼 모든 공부에는 다 목적이 있고, 그 목적을 성취하기 위해 공부하는 것입니다. 설령 그것의 가치가 과거와 달라졌다고 해도 말입니다."

찬민이가 떨리는 마음을 진정하며 차분히 최종 변론을 마치고 자리에 앉았다. 진우가 수고했다면서 고개를 끄덕여 주었다. 곧이어 도현이가 일어나서 최종 변론을 시작하였다.

"옛날 공자님은 논어 첫 구절에서 '배우고 때로 익히면 또한 기쁘지 아니한가(學而時習之 不亦說乎).'라고 말씀하셨습니다. 배우고 익히는 것이 바로 즐거움이라는 말입니다. 여기서 즐거움이란 단순히 흥미를 말하는 것이 아닙니다. 문제를 해결하는 과정이나 새로운 가치와 지식을 알아 가는 과정을 말합니다. 스마트폰 사용법이나 컴퓨터 사용법을 익히는 것도 마찬가지입니다. 새로운 무언가를 배우고 익히는 것 자체가 즐거움이지요. 초등학생들의 스트레스 원인 중 가장 큰 것이 학업 문제라고 합니다. 공부 자체에 흥미와 즐거움을 느끼지 않고 단지 필요하다는 이유로 억지로 하는 공부는 도움이 되지 않고 오히려 스트레스가 된다는 말입니다. 그러므로 필요, 목적만으로 하는 공부는 결코 좋은 결과를 낳을 수 없습니다. 공부 자체에 그 의미를 가지고 즐거움을 느낄 때 비로소 진정한 공부가 될 수 있다고 생각합니다."

도현이가 최종 변론을 마치고 자리에 앉았다. 선생님이 모든 이야기를 듣고 고개를 끄덕이며 말을 이었다.

"두 팀의 최종 변론까지 잘 들어 봤어요. 공부를 왜 하는지 고민한 흔적들이 보이는 토론이었습니다. 사실 주변에서 공부하는 사람들을 살펴보면 내가 원하는 지식을 배우기 위해 공부를 하거나 대학이나 직장을 위해 공부하는 사람도 있고, 공부 자체에 흥미를 느껴서 열중하는 사람들도 있습니다. 선생님은 두 가지 모습 중 어느 하나만 공부의 참모습이라고 생각하지는 않아요. 여러분도 이번 토론을 마치고 자신이 공부에 어떤 의미를 두고 있으며 어떤 보람을 느끼는지 생각해 보기 바랍니다."

선생님의 말에 아이들은 모두 고개를 끄덕였다. 그때였다. 민서가 손을 번쩍 들었다.

"선생님, 다음 토론 거리는 어떤 걸로 하면 좋을까요?"

민서의 질문에 선생님이 잠시 생각에 잠겼다.

"음, 두 번째 토론 거리는 사교육에서 가장 많이 하는 선행 학습에 대해서 이야기해 보면 어떨까?"

"선행 학습이 뭔데요?"

민서가 고개를 갸웃거렸다. 진우가 나서서 설명해 주었다.

"나중에 배울 걸 미리 배우는 걸 선행 학습이라고 해. 선생님, 저도 선행 학습에 대해 이야기해 보면 좋겠어요."

아이들도 선생님을 보며 고개를 끄덕였다. 희수는 학원 숙제가 마음에 걸렸지만, 잠시 걱정은 미루고 토론에 집중하기로 마음먹었다.

선행 학습은 필수야 vs 선행 학습을 하면 학교 수업에 흥미가 없어질 수 있어

두 번째 토론 시간이 금세 돌아왔다. 희수는 숙제를 하는 틈틈이 선행 학습에 대해 조사해 보고 생각도 정리하였다. 특별한 목적을 이루기 위해서는 힘들더라도 선행 학습이 필요하다는 생각이 들었다. 희수는 준비 기간 동안 찬민이와 진우에게 전화를 걸어 서로 의견을 나누기도 했다. 만반의 준비를 마쳤지만 여전히 긴장되었다.

희수와 같은 팀인 진우도 긴장하기는 마찬가지였다. 진우가 토론반

동아리 교실에 들어왔을 때 상대 팀 아이들이 모여 무언가 의논하고 있었다. 제대로 된 토론을 위해서 노력하는 모습을 보니 진우는 더욱 긴장되었다.

'이번 토론도 열심히 해야지!'

진우는 이렇게 다짐하고 자리에 앉았다. 이윽고 토론반 선생님과 다른 아이들이 들어왔다.

"이번 토론 주제는 '우리나라 사교육, 문제가 없을까?'입니다. 그리고 이 주제와 관련하여 오늘 토론할 두 번째 토론 거리는 '선행 학습은 필요한가?'입니다. 선행 학습이란 '학교에서 배우는 과정보다 앞서 배우는 것'을 말합니다. 사람들은 선행 학습이 꼭 필요하다고도 말하고 선행 학습이 문제라고도 말합니다. 여러분이 선행 학습에 대해 열심히 조사하고 고민해 온 만큼 좋은 토론이 될 것이라고 생각합니다. 그럼 먼저 양 팀의 주장을 들어 보겠습니다."

선생님이 미소를 지으며 자리에 앉았다. 먼저 진우가 일어나서 발표를 시작했다.

"우리가 어려운 수학 문제를 푼다고 가정해 봅시다. 미리 문제를 훑어본 다음, 차근차근 문제 푸는 방법을 배우면 더 확실하게 이해할 수 있을 것입니다. 이렇게 배우기 전에 미리 공부하는 것을 예습이라고 합니다. 예습을 하면 공부할 내용을 미리 살펴보기 때문에 수업 시간에 쉽게 이해할 수 있고, 내가 어려워하는 것이 어떤 것인지도 쉽게 파악할 수 있습니다. 그래서 수업 시간에도 그 내용을 집중해서 들을 수 있습니다. 선행 학습은 예습의 장점을 가지고 있기 때문에 꼭 필요하다고 생각합니다."

진우가 설명을 마치고 자리에 앉았다. 이어서 상대 팀인 수민이가 일어나 반론을 시작했다.

"적당한 예습이 학습에 도움을 주는 것은 사실입니다. 하지만 현재 대부분의 학원에서는 학교에서 배울 내용을 그대로 알려 주고, 시험까

선행 학습이란?

학교에서 배우는 과정보다 앞서 배우는 것을 말한다. 주로 학원이나 과외로 선행 학습을 하고, 성적이 우수한 학생일수록 선행 학습을 하는 경우가 많다. 선행 학습은 사교육 시장을 과열시키고 학생들을 학교 수업에 소홀하게 만든다는 이유로 반대 여론이 뜨겁다. 그러나 학습 능력이 뛰어난 학생에게 더 많이, 더 빨리 배울 기회를 박탈하는 것도 옳지 않다며 선행 학습에 찬성하는 의견도 만만치 않다. 논란이 계속되는 가운데 정부는 2014년 선행 학습 금지법을 제정했다. 정식 명칭은 '공교육 정상화 촉진 및 선행 교육 규제에 관한 특별법'으로 2014년 9월 12일부터 정규 교육 과정과 방과 후 학교 과정에서 선행 학습을 금지하는 것은 물론 선행 학습을 유발하는 평가를 금지하고, 사교육 기관이 선행 학습 광고를 하는 것도 금지하는 내용을 담고 있다.

지 보는 선행 학습을 하고 있습니다. 이렇게 과도하게 선행 학습을 하면 공부에 도움이 되기는커녕 오히려 흥미를 잃게 됩니다. 선행 학습이 정말 예습의 효과를 가지려면 앞으로 배울 내용을 간단히 살펴보고 흥미를 키울 수 있는 수준으로만 해야 합니다. 현재 학원에서 하는 선행 학습은 이런 예습의 효과를 얻을 수 없는 너무 과한 공부라고 생각합니다."

수민이가 설명을 마치고 자리에 앉았다. 뒤이어 선생님이 자리에서 일어나 양 팀의 주장을 정리해 주었다.

"양 팀의 이야기 잘 들었습니다. 선행 학습 찬성 팀은 예습의 효과를 들어 선행 학습이 학습에 꼭 필요하다고 주장했습니다. 반면 반대 팀은 선행 학습은 예습의 효과보다는 과도한 학습으로 오히려 학습의 흥미를 잃게 만든다고 주장했습니다. 양쪽의 주장을 잘 들었으니 이제부터 반론을 시작하겠습니다."

선생님의 발언이 끝나고 희수가 약간 긴장한 얼굴로 반론을 시작했다.

"2023년 통계청 자료에 따르면 초등학생 학급별 사교육 참여율이 83.2퍼센트라고 합니다. 대부분의 초등학생들이 학원 같은 곳에서 선행 학습을 하고 있는 셈입니다. 만약 반대 팀의 주장대로 선행 학습이 공부에 대한 흥미를 떨어뜨린다면 우리나라 학생들의 학력 수준은 매우 낮게 나와야 하지만 그렇지 않습니다. 여전히 세계 상위권입니다. 선행 학습이 학습의 흥미를 떨어뜨린다는 걱정은 너무 지나친 것이지요. 저희는 오히려 선행 학습은 경쟁 사회에서 반드시 필요한 것이라고 생각합니다. 남들보다 더 빨리 배우고 더 많은 것을 알고 있어야 경쟁에서 살아남을 수 있습니다. 이런 점에서 저희 팀은 선행 학습은 고쳐야 할 문제가 아니라 오늘날 학생들에게 꼭 필요하다고 생각합니다."

희수가 반론을 끝내고 자리에 앉았다. 이윽고 도현이가 일어나 반론을 시작했다.

"2020년 국가 수준 학업 성취도 평가'에 따르면 중·고등학생들 중에서 수학을 포기한 학생 비율이 13퍼센트를 돌파했다고 합니다. 수학을 포기한 학생이라는 뜻의 '수포자'들이 점점 늘고 있다는 이야기지요. 너무 일찍 어려운 수학을 접하며 부담을 느낀 까닭입니다. 선행 학습이 효과가 있고 성적 향상에 도움을 준다면 수학을 포기하는 학생들이 이렇게 많은 이유는 어떻게 설명해야 할까요? 저희 팀은 선행 학습보다는 학교에서 꼭 필요한 것을 적절히 배우고, 기본적인 개념과 원리를 이해할 수 있는 방법으로 복습하는 것이 더 효율적이라고 생각합니다. 복습을 하면 학교에서 배운 내용을 점검하고 부족한 부분들을 철저하게 공부할 수 있어서 학습에 도움이 될 것입니다. 그런 의미에서 저희 팀은 선행 학습보다 적절한 복습이 더 좋은 학습 방법이라고 주장합니다."

도현이가 차분한 목소리로 반론을 마쳤다. 간단하지만 명쾌한 주장이었다.

"양 팀의 치열한 반론 모두 잘 들었습니다. 이제 양 팀의 주장을 최종적으로 변론하는 순서만 남았습니다. 이를 위해 상대 팀의 주장을 잘 살펴서 최종 주장을 정리하는 토의 시간을 갖도록 하겠습니다."

선생님의 발언이 끝나고 잠시 각 팀별로 이야기를 나눈 후 최종 변론을 시작했다. 먼저 찬성 팀의 찬민이가 일어나서 주장을 시작했다.

"선행 학습 반대 팀은 선행 학습이 학습 흥미를 떨어뜨린다고 이야기합니다. 학교에서 하는 공부도 따라가지 못하는 학생들에게 무조건 선행 학습만 하라고 하니 어렵게 느끼는 것은 당연한 것이라고 생각합니다. 그렇다면 선행 학습의 대상을 구분해서 적용하면 어떨까요? 이미 학교에서 배운 내용을 충분히 알고 있는 학생들만 선행 학습을 하는 것입니다. 학업 성취도가 높은 학생들의 경우, 학습 욕구를 높인다는 점에서 선행 학습이 필요하다고 생각합니다. 실제로 영재들 중에는 초등학생이면서 대학에서 공부하는 내용을 배우는 경우도 있습니다. 선행 학습이 학습 흥미를 떨어뜨린다는 주장보다는 선행 학습이 적절하게 이루어질 때 생길 수 있는 장점들을 먼저 생각해야 한다고 생각합니다. 그런 의미에서 저희 팀은 선행 학습에 찬성합니다."

찬민이가 약간 흥분한 목소리로 최종 변론을 끝내자, 곧이어 민서가 일어나서 마지막 주장을 시작했다.

"선행 학습 금지법이라는 것을 알고 있나요? 정식 명칭이 '공교육 정상화 촉진 및 선행 교육 규제에 관한 특별법'인 이 법은 2014년에 제정되었습니다. 이렇게 국가가 나서서 선행 학습을 규제하는 이유는 무엇일까요? 교육은 공부 잘하는 몇몇 사람만을 위해서 하는 것이 아니기 때문입니다. 선행 학습이 공부를 잘하는 학생들에게는 도움이 될 수 있겠지만 그렇지 않은 경우가 더 많습니다. 만약 학업 성취도에 따라 선행 학습과 복습을 나누어 한다면 복습을 하는 학생들은 상대적 박탈감을 느끼지 않을까요? 소수의 학생들에게 도움이 된다고 선행 학습을 계속하는 것보다 수업을 따라가지 못하는 학생들을 위한 보충 수업을 하는 것이 더 중요합니다. 그렇기 때문에 저희 팀은 선행 학습을 하는 것에 반대합니다."

양 팀의 최종 변론이 모두 끝났다. 아이들은 저마다 가쁜 숨을 몰아쉬며 선생님을 바라보았다.

"선행 학습에 대한 양 팀의 주장들을 잘 들었습니다. 이번 토론을 통해 선행 학습의 장단점을 고민해 볼 수 있었기를 바랍니다. 아울러 여러분들은 무조건적으로 진행되는 선행 학습에는 모두 반대하는 것으로 보입니다. 교육을 생각할 때 가장 중요하게 살펴볼 것은 교육의 목적이 아니라 교육을 통해 성장하는 학생들이어야 한다는 말이 있습니다. 학생, 즉 여러분이 교육에서 가장 중요하다는 뜻이지요. 앞으로는 이 말을 명심하고 토론에 임해 주기 바랍니다. 오늘 양 팀 모두 수고했습니다."

선생님의 마지막 정리 발언이 끝나자 모두 서로를 위해 박수를 쳤다. 그때 진우가 손을 들었다.

"선생님, 그럼 다음 토론 거리는 어떤 걸로 하면 좋을까요?"

"글쎄, 선행 학습에 대해 살펴보았으니 사교육에 대해 본격적으로 이야기할 필요가 있겠는데……. 어떤 주제가 좋을까?"

선생님의 질문에 희수가 손을 들었다.

"선생님, 지난번에 뉴스에서 사교육이 공교육의 질을 떨어뜨리고 교육을 불평등하게 만든다는 내용을 본 적이 있는데 그 말을 도저히 이해할 수 없어요. 정말 그런가요?"

"당연하지. 사교육이 많아지면 공교육의 질이 떨어지게 되어 있어."

수민이가 당연하다는 듯이 고개를 끄덕였다.

"말도 안 돼. 무슨 근거로? 난 사교육이 오히려 교육의 질을 높인다고 생각해."

진우가 발끈했다. 도현이도 지지 않고 나섰다.

"사교육이 많아지면 공교육이 흔들리는 건 당연한 거 아니야?"

아이들이 웅성거리자 선생님이 진정시켰다.

"자자, 모두 진정해. 그럼 다음 토론 거리는 사교육은 문제가 없는지, 아니면 문제가 많은지 이야기해 보면 어떨까? 토론 주제 '우리나라 사교육 문제가 없을까?'의 마지막 토론으로 적절할 것 같은데?"

"네! 좋아요!"

양 팀 아이들이 모두 큰 소리로 외쳤다.

사교육으로 교육의 질을 높일 수 있어 vs 사교육은 교육을 불평등하게 만들어

마지막 토론 시간이 되었다. 희수는 선행 학습에 대한 토론을 마치고 사교육의 역할이 중요하다는 것을 새삼 깨달았다. 그리고 이제는 불평 없이 학원 숙제를 해야겠다고 생각했다. 찬민이도 학원에 가는 것이 마땅치 않았지만 그 필요성을 인정할 수밖에 없었다. 둘은 이번 토론이 끝나도 사교육에 대해 좀 더 알아보고 싶다는 생각이 들었다.

"자, 이제 '우리나라 사교육은 문제가 없을까?'라는 주제의 마지막 토론 시간이 돌아왔습니다. 이번 토론 거리는 '사교육은 꼭 필요할까?'입니다. 사교육에 대한 여러분의 생각을 정리할 수 있는 시간이 되길 바랍니다. 그럼 먼저 양 팀의 주장을 듣겠습니다."

선생님 말이 끝나자 찬민이가 상기된 얼굴로 발표를 시작했다.

"만약 사교육이 사라진다면 어떨까요? 정말 제대로 된 공교육을 할

수 있을까요? 우리나라에서 한때 사교육이 불법이었던 적이 있습니다. 1980년, 과외 금지 조치에 의해 입시를 목적으로 한 학생들의 과외, 학원 수강 자체가 금지된 것입니다. 이렇게 사교육이 전면 금지되었을 때 우리나라의 공교육에 대한 만족도가 높았을까요? 만약 그랬다면 과외가 금지되었던 이 시기에 사교육을 원하는 사람이 별로 없었겠지요. 그러나 1980년대 신문을 살펴보면 사교육 금지였던 당시에도 감시를 피해 과외를 하는 사람들을 보도한 기사가 많습니다. 이처럼 사교육을 법적으로 금지하는 강력한 조치를 해도 여전히 사교육을 찾는 사람이 있었다는 것은 공교육의 질이 높아지지 않았다는 증거라고 생각합니다. 오히려 사교육은 전체적인 교육의 질을 높이고 공교육에 긴장감을 준다는 면에서 꼭 필요하다고 생각합니다."

찬민이의 발언이 끝나자 곧이어 상대 팀의 민서가 발딱 일어나서 발표를 시작했다.

"저는 사교육을 제한할 필요가 있다고 생각합니다. 지나친 사교육 열풍은 교육 자체를 불평등하게 만들기 때문입니다. 사교육은 공교육과 달리 직접 돈을 내고 원하는 교육을 살 수 있습니다. 돈이 많으면 자신이 원하는 것은 어떤 것이든 배울 수 있다는 장점이 있습니다. 하지만 사교육비를 감당할 수 없는 형편의 사람들은 어떨까요? 사교육은 그들에게 그림의 떡에 불과합니다. '개천에서 용 난다.'라는 말처럼 공부만 열심히 하면 가난하고 형편이 어려운 학생들도 공부를 잘하고 좋은 직장에 들어갈 수 있던 시절이 있었습니다. 반면 요즘은 '강남에서 용 난다.'라는 말이 있다고 합니다. 사교육의 혜택이 많은 강남에 살아야 좋은 대학, 좋은 직장에 들어갈 수 있다는 뜻입니다. 뿐만 아니라 고소득층이 많이 사는 곳과 저소득층이 많이 사는 곳의 서울 대학교 합격자 비율도 스물한 배나 차이가 난다고 합니다. 이는 경제적으로 여유가 있어 사교육을 많이 받을수록 대학 입시나 취직의 기회가 더 많이 보장

된다는 것을 의미합니다. 결국 사교육비를 충분히 낼 수 없는 사람들은 자신의 능력과 상관없이 대학 진학과 취직에서 제한을 받게 되는 것입니다. 이렇게 사교육이 많아질수록 사회는 불평등해질 수밖에 없습니다. 과도한 사교육을 제한하고 공교육을 살려야 하는 이유는 바로 여기에 있습니다."

양 팀의 주장이 끝나자 선생님이 이야기를 시작했다.

"양 팀의 주장 잘 들었습니다. 찬민이는 사교육이 공교육을 긴장시켜 전체적으로 교육의 질이 높아지는 데 기여한다고 주장했고, 민서는 과도한 사교육이 교육 자체를 불평등하게 만든다고 주장했습니다. 이제 양 팀의 반론을 들어 보겠습니다."

선생님이 자리에 앉자, 진우가 일어나 반론을 시작했다.

"사교육이 교육을 불평등하게 만든다는 주장에 동의할 수 없습니다. 대학 입시에 학교에서 배우지 않은 것을 문제로 출제하는 경우는 없습니다. 즉, 학교 수업을 제대로 듣기만 해도 대학 입시에서 좋은 성적을 얻을 수 있다는 것입니다. 물론 사교육을 받으면 공부할 내용을 미리 배울 수 있다는 장점이 있지만, 스스로 열심히 공부하지 않으면 아무리 사교육을 많이 받는다고 해도 대학에 쉽게 합격할 수 없습니다. 사교육이 대학 입학의 만능열쇠가 아니라는 말입니다. 수능 만점자들의 공부 비결을 보면, 대부분 학교 공부를 충실히 하고 교육 방송을 잘 들었다고 합니다. 결국 대학 입시에서 당락은 개인의 노력에 의한 것이지 사교육 여부로 결정되는 것은 아니라는 뜻입니다.

　게다가 사교육은 단지 대학 입시를 위한 것만 있는 것이 아닙니다. 피아노 학원, 미술 학원, 글쓰기 학원, 웅변 학원, 컴퓨터 학원 등 다양하고 전문적인 사교육이 존재합니다. 이런 전문적인 교육은 꼭 필요하지만 공교육 체제에서는 충분히 배우기 어렵습니다. 저는 사교육을 단지 입시 교육으로만 생각해서는 안 된다고 생각합니다. 사람들의 다양한 열망을 이룰 수 있도록 전문적인 프로그램으로 돕는 것도 사교육입니다. 만약 사교육이 없다면 우리나라의 교육은 다양성 면에서 도태될 것입니다. 그러므로 사교육은 우리나라 교육의 질을 높이는 데 큰 기여를 한다고 생각합니다."

　진우의 반론이 끝나자 도현이가 일어났다.

"2023년 통계청 자료에 따르면 사교육을 받는 초등학생의 비율은 학급별 83.2퍼센트라고 합니다. 이렇게 많은 학생이 사교육을 받고 있고 사교육의 영향력이 점점 더 커진다면, 공교육이 아예 필요 없다고 주장하는 공교육 무용론도 계속될 것입니다. 실제로 대학 입학을 위한 공부 이외에 학교에서 하는 다른 교육을 불필요하다고 생각해서 아예 학교를 다니지 않는 학생들도 늘고 있습니다. KBS 뉴스에 따르면 2024학년도 전국 4년제 일반 대학에 입학한 신입생 339,256명 중 검정고시 출신은 9,256명으로 집계됐습니다. 학교를 자발적으로 그만두고 입시 공부에 집중하여 합격한 학생들이 대부분이지요. 대학 입시에 합격하기 위해서 고등학교 공부를 다 할 필요가 없다고 생각하는 사람들이 점점 늘어나고 있는 것입니다. 사교육이 늘어날수록 이렇게 공교육을 불필요하게 생각하는 사람 또한 늘어날 것입니다. 이런 이유에서 저희 팀은 지나친 사교육은 여전히 문제이며 교육 시스템 전체에 안 좋은 영향을 끼친다고 생각합니다."

도현이가 반론을 마치고 자리에 앉았다. 진우와 도현이의 열띤 토론을 듣고 선생님이 미소를 지으며 말했다.

"양 팀의 반론을 잘 들었습니다. 최종 변론을 하기 전에 양 팀에게 묻고 싶습니다. 우선 사교육이 교육의 질을 높인다는 팀이 생각하는 사교육과 공교육의 건전한 경쟁 관계는 어떤 것일까요? 사교육이 문제라는 팀에도 질문이 있습니다. 사교육에 영향을 받지 않고 공교육의 질을 높이는 방법은 전혀 없는 걸까요? 저는 이 두 가지 질문에 대한 답변을 최종 변론에서 함께 듣고 싶습니다. 최종 변론을 준비하면서 제 질문도 함께 고민해 주기 바랍니다."

선생님의 갑작스러운 질문에 양 팀 아이들이 바빠졌다. 지금까지 나온 주장들을 살피고 질문에 대답하기 위해 팀별로 머리를 맞대고 한참 회의를 했다. 이윽고 희수가 일어나서 최종 변론을 시작했다.

"사교육과 공교육의 차이를 생각해 봅시다. 사교육은 개인의 필요에 의해서 선택한 교육이기 때문에 배우는 사람이 중심이 됩니다. 그래서 교육 방식이나 내용 선택도 훨씬 자유롭습니다. 반면 공교육은 국가나 사회에서 배워야 한다고 생각하는 것을 정해서 모든 사람을 대상으로 교육하기 때문에 배우는 사람이 중심이 되기 어렵습니다. 이런 탓에 공교육에 대한 만족도가 떨어지고, 결국 사교육을 선택하는 사람들이 늘어난다고 생각합니다. 이런 문제를 해결하려면 사교육과 공교육이 선의의 경쟁 관계가 될 수 있도록 해야 합니다. 학교에서 배우는 교육 내용도 학생과 학부모의 참여를 통해서 바꿀 수 있다면 사람들이 공교육에 거는 기대는 점점 더 높아질 것입니다. 그렇게 되면 사람들이 공교육을 외면하지 않겠지요. 그런 의미에서 사교육은 공교육과 선의의 경쟁을 하며 우리나라 교육의 질을 전체적으로 높일 수 있다고 생각합니다."

희수가 최종 변론을 마치고 자리에 앉았다. 뒤이어 수민이가 자리에서 일어났다. 수민이는 친구들을 바라보며 최종 변론을 시작했다.

"공교육은 모든 사람이 평등하게 배울 권리를 보장하기 위해 만들어진 교육입니다. 역사상 최초의 교육이 사교육이었던 것은 사교육이 좋아서가 아니라 공교육이 없었기 때문입니다. 사교육을 할 수 있는 왕이나 귀족 같은 소수의 사람들만 배움의 기회가 있었고 이를 통해 자기 신분을 이어 갈 수 있었지요. 하지만 18세기 시민 혁명 이후에 모든 사람은 평등하고 동등하게 교육받아야 한다는 목소리가 높아지면서 교육은 모든 이가 누릴 수 있는 권리가 되었습니다. 공교육은 바로 이런 역사를 거쳐 나타났습니다. 공교육의 역할은 사람들의 교육받을 권리를 보장하는 것입니다. 이것은 공교육의 역할이자 책임입니다. 그런데 우리나라처럼 대학 입시가 중요한 사회에서는 공교육이 흔들립니다. 공교육이 흔들리지 않고, 본래 역할을 다하려면 한 번의 시험으로 대학을 가는 현재 대학 입시 제도의 개선도 필요하고, 대학을 가지 않고도 사회의 구성원으로 생활하고 직업을 얻을 수 있는 사회 분위기가 만들어져야 한다고 생각합니다. 또한 공교육의 질이 떨어지지 않게 충분한 예산 지원이 필요하며, 아울러 과도한 사교육 시장을 통제할 수 있는 제도도 필요하다고 생각합니다."

수민이가 최종 변론을 마치고 자리에 앉았다. 선생님이 고개를 끄덕이며 이야기를 시작했다.

"양 팀의 최종 변론을 잘 들었습니다. '우리나라 사교육은 문제인가?'라는 토론 주제를 정리하면서 여러분도 많은 것을 배웠을 것이라고 생각합니다. 사교육이 아무리 발전한다 해도 공교육이 해 왔던 부분을 모두 책임질 수 없습니다. 마찬가지로 단지 사교육이 없어진다고 해서 공교육이 모든 것을 해결할 수는 없을 것입니다. 여러분이 말한 것처럼 입시 위주의 교육이 바뀌어야 하는 것도 맞습니다. 우리나라는 예전부터 교육에 대한 기대와 열망이 높았습니다. 그런데 이런 기대와 열망이 좋은 대학에 합격하는 것에서 그친다면 교육의 문제를 해결할 수 없을 것입니다. 이제는 많은 사람이 제대로 된 교육을 위해 어떤 변화가 필요한지 함께 이야기할 때가 된 것 같습니다. 여러분도 이번 기회에 많은 공부가 되었으리라고 생각합니다. 모두 수고했습니다."

선생님의 말이 끝나자 아이들이 모두 힘차게 손뼉을 쳤다. 희수는 이번 토론을 통해 자신이 학원을 너무 부정적으로 생각하지는 않았는지 반성하는 계기가 되었다. 공부를 왜 하는가에 대한 단순한 고민에서 시작한 찬민이도 토론을 마치고 공부의 목적과 사교육에 대한 새로운 의미를 깨달았다. 그리고 앞으로 무언가를 배우기 전에 그 의미를 생각해 보고 주체적으로 공부해야겠다고 다짐했다.

함께 정리해 보기
사교육과 관련된 쟁점

'사교육은 문제가 없다.' 팀	논쟁이 되는 문제	'사교육은 문제가 있다.' 팀
공부는 대학 진학, 취직과 같은 특별한 목적을 이루기 위한 수단이기 때문에 해야 한다.	공부는 왜 하는 것인가?	공부하는 과정에서 성취감과 뿌듯함을 느낄 수 있으므로 공부 그 자체로 의미 있다.
선행 학습은 공부할 내용을 예습한다는 의미가 있으므로 꼭 필요하다.	선행 학습은 필요한가?	선행 학습은 학교 수업에 흥미를 떨어뜨릴 수 있으므로 선행 학습보다는 복습을 하는 것이 좋다.
사교육은 공교육의 부족한 부분을 채울 뿐만 아니라 공교육과 선의의 경쟁을 하여 우리나라 교육의 질을 높이는 데 기여한다.	사교육은 교육의 질을 높이는가?	많은 비용이 들어가는 사교육은 사교육비를 충분히 지불할 능력이 있는 사람에게만 유리하게 작용하므로 교육 불평등을 조장할 뿐 교육의 질을 높이지는 않는다.

2장
올바른 평가는 무엇일까?

교육에서 평가는 일정 기간 학습한 내용을 제대로 습득했는지 확인하는 과정입니다. 교육 과정을 성실히 수행했는지 아닌지 판단할 수 있는 근거가 되므로 매우 중요하지요. 또한 평가의 결과로 성적을 정하고, 입시와도 긴밀한 관계가 있기 때문에 평가에 대한 논쟁은 끊임없이 벌어지고 있습니다. 이 장에서는 교육에서 평가를 하는 이유에 대해 생각해 보고, 올바른 평가와 평가 방식에 대한 쟁점을 다룹니다. 그리고 일제고사의 효율성도 알아봅니다.

'상대 평가' 찬성 팀

찬민 진우 희수

상대 평가는 시험 본 전체 학생의 성적을 순서대로 나열하기 때문에 나의 수준을 객관적으로 파악할 수 있어. 그래서 우리는 상대 평가가 절대 평가보다 좋은 평가라고 생각해. 일제 고사도 같은 맥락에서 꼭 필요한 평가지. 나의 수준을 정확하게 가늠할 수 있고, 그것을 근거로 삼아 공부 방법이나 정도를 스스로 정할 수가 있어서 성적 향상에 도움이 되거든. 특히 평가 방법 중에서는 종이에 답을 쓰는 방식의 지필 평가가 짧은 시간 동안 많은 학생들을 객관적으로 평가할 수 있다는 점에서 좋다고 생각해.

'절대 평가' 찬성 팀

민서   도현   수민

충분히 실력이 있는데도 다른 학생들과의 비교 순위가 뒤처진다는 이유만으로 열등생으로 분류한다면 그 학생은 억울하지 않을까? 상대 평가에서는 이런 일이 발생할 수밖에 없어. 그렇기 때문에 우리는 절대 평가가 상대 평가보다 더 좋은 평가라고 생각해. 경쟁 없이도 내가 부족한 부분을 확인하고 보충할 수 있도록 도움을 주거든. 그런 의미에서 일제 고사도 반대해. 불필요한 경쟁만 부추길 뿐 학습에 전혀 도움이 안 돼. 평가 방법 중에는 단순히 암기하는 평가가 아니라 수업 과정이나 활동 모습 등, 과정을 제대로 평가할 수 있는 수행 평가가 올바른 평가 방법이라고 생각해.

올바른 평가는 무엇일까?

"이번 수학 경시대회는 망쳤어."

도현이가 한숨을 푹 쉬었다. 시험을 잘 보면 부모님이 스마트폰을 사주기로 약속했는데 스마트폰은 고사하고 꾸중을 들을 걸 생각하니 점점 마음이 무거워졌다.

토론반에서도 온통 오늘 본 수학 경시대회 이야기뿐이었다.

"도현아, 시험 잘 봤어?"

도현이가 민서의 물음에 고개를 힘없이 가로저었다.

"너는?"

"나도 망쳤어. 아무리 수학 경시대회라고 해도 그렇지 너무 어렵더라. 첫 문제부터 못 풀다니!"

쉽게 흥분하는 민서의 얼굴이 붉게 변했다.

"자, 자! 지나간 시험은 다시 볼 수 없어. 이제 시험 끝이니 신나게 놀 생각을 해야지!"

찬민이가 밝은 목소리로 말했지만 도현이와 민서의 얼굴은 나아지지 않았다.

"난 수학 경시대회 보기 싫었는데 엄마 때문에 억지로 봤거든. 이렇게 어려울 줄 몰랐어."

시험 성적이 좋지 않은 수민이는 팔짱을 낀 채 투덜거렸다.

"맞아, 교과서에 나오는 문제 정도만 풀 수 있으면 되는 거 아니야? 학생들이 알아야 할 내용을 평가해야지 왜 어려운 문제를 풀게 하는지 모르겠어."

도현이가 고개를 끄덕이며 맞장구쳤다.

"교과서는 기본적인 문제만 나오잖아. 학생들이 기본적인 것을 알고 있는지 확인하는 것도 중요하지만 더 어려운 문제를 풀 수 있는지 알아보는 것도 필요한 거 아닌가?"

그러자 희수는 생각이 다른지 고개를 갸웃거리며 말했다.

"나도 희수 말에 찬성! 생각해 봐. 좀 어려운 문제를 풀어야 공부도 더 많이 하게 되잖아. 안 그래? 너희도 수학 경시대회 준비하느라 공부

많이 했잖아."

찬민이가 시험공부를 하던 자신의 모습을 떠올리며 말했다.

"이번 수학 경시대회는 정말 어려워서 짜증 났지만 나도 찬민이 말에 동의해. 문제가 너무 쉬우면 누가 공부하겠어."

진우는 어느새 아이들의 이야기에 빠져들어 자신의 의견을 말하기 시작했다.

"하지만 시험은 얼마나 잘하는지 확인하는 게 아니라 내가 잘 모르는 부분을 확인하려고 보는 거 아니야?"

수민이도 대화에 끼어들었다. 그때였다. 교실 문이 열리고 토론반 선생님이 들어왔다.

"오늘은 또 어떤 문제가 이야깃거리지?"

선생님이 빙긋 웃으며 말했다. 도현이가 나서서 지금까지의 이야기를 간단히 설명했다.

"음, 아주 흥미로운 이야기를 나누었구나! 다음번 토론 주제로 '올바른 평가'에 대해 이야기해 보는 것이 어떠니?"

"평가요?"

민서가 눈을 동그랗게 뜨고 선생님을 바라보았다.

"응, 학생들의 공부나 학교생활을 교육의 목적에 따라 측정하고 판단하는 걸 평가라고 한단다. 시험도 평가 중 하나지."

선생님이 아이들을 쭉 둘러보며 말했다.

"그럼 첫 번째 주제는 어떤 걸로 할까요? 시험은 어려워야 하나 쉬워야 하나? 이런 걸로 토론하긴 좀 그렇잖아요."

희수의 말에 선생님이 미소를 지었다.

"그 주제도 충분히 훌륭한 토론 주제지만 평가와 관련된 넓은 주제로 이야기하면 어떨까? 선생님이 제안하는 건 '상대 평가와 절대 평가, 어떤 것이 좋은가?'야."

"상대 평가와 절대 평가? 그게 뭐예요?"

찬민이가 고개를 갸웃거렸다.

"쉽게 말해서 상대 평가는 시험을 본 학생의 성적을 순서대로 나열하는 평가야. 시험 본 학생들 중 누가 더 잘했고 못했는지 확인할 수 있는 평가지. 반면 절대 평가는 특정 점수를 정해서 학생들이 그 점수를 넘었는지 넘지 못했는지 확인하는 평가란다. 만약 수학 경시대회를 상대 평가로 평가한다면 문제가 어렵든지 쉽든지 높은 점수를 받은 1등부터 10등까지를 시상을 하겠지? 반대로 수학 경시대회를 절대 평가로 평가한다면 평균 90점 이상인 사람들을 시상한다고 미리 정해 놓고 거기에 해당하는 학생들을 모두 시상하는 거야."

"음, 이번 토론 주제는 쉽지 않네요. 어느 쪽으로 할지 좀 더 고민을 해 봐야겠어요."

신중한 희수가 생각에 잠겼다. 다른 아이들도 마찬가지였다. 아이들은 집에서 더 생각해 본 후 함께 가입된 단체 대화방에 어느 쪽을 선택할지 알리기로 했다.

도현이도 집에 와서 곰곰이 생각을 하다 절대 평가가 더 좋은 평가라는 쪽을 선택했다. 도현이 외에도 수민이와 민서가 절대 평가를 지지하는 팀으로 그리고 찬민, 희수, 진우가 상대 평가를 지지하는 팀이 되었다. 평가에 대해 잘 모를 뿐 아니라 어려운 부분이 많았지만, 도현이는 이번 기회에 평가에 대해 좀 더 진지하게 생각해 보기로 마음먹었다.

상대 평가가 학습에 도움이 돼 vs 절대 평가로 경쟁 교육을 막아야 해

드디어 첫 번째 토론 시간이 돌아왔다. 진우는 첫 번째 토론, 첫 번째 주자를 맡았기 때문에 평소보다 더 많은 준비를 했다. 토론에서 제대로 된 주장을 펴기 위해 어떻게 말해야 할지 고민스럽기도 했다. 토론반 교실 문을 열기 전까지 진우는 머릿속에서 주장할 내용을 정리하느라 정신이 없었다. 문을 열자 다른 친구들이 눈에 들어왔다. 진우가 자리에 앉자마자 토론반 선생님이 토론을 시작했다.

"얼마나 배웠는지, 제대로 알고 있는지 확인하는 과정을 평가라고 합니다. 여러분이 공부하고 나서 여러 가지 방식으로 평가하는 것도 얼마나 배웠는지 확인하는 것입니다. 공부를 제대로 했는지 확인할 수 있다는 면에서 평가는 매우 중요한 활동입니다. 이번 토론 주제는 '올바른 평가는 무엇일까?'입니다. 그중 첫 번째 토론 거리는 '상대 평가와 절대 평가 중 어느 평가가 올바른가?'지요. 평가에 대한 여러분의 생각을 알아볼 수 있는 첫 토론인 만큼 열심히 토론에 참여해 주길 바랍니다. 그럼 먼저 상대 평가가 더 좋다고 주장하는 팀부터 시작하겠습니다."

토론반 선생님이 말을 마치고 자리에 앉았다. 진우는 크게 심호흡을 하고 입을 열었다.

"저희 팀은 상대 평가가 더 올바른 평가 방법이라고 생각합니다. 상대 평가는 시험 본 학생들 중에 누가 더 우수한지 확실하게 확인할 수 있는 평가입니다. 내가 전체에서 몇 등인지 알면 내 수준도 알 수 있고, 그에 맞게 공부 계획을 짤 수도 있습니다. 전체에서 자신의 실력이 어느 정도 수준이라는 것을 알고 있어야 얼마나 더 노력하면 성적을 올릴 수 있는지 알 수 있기 때문입니다. 만약 나보다 누가 더 우수한지 모른다면 공부에 흥미를 느낄 수 없을 것입니다. 그리고 더 노력해야 할지 아닐지도 확실하게 알 수 없을 것입니다. 그런 의미에서 저희 팀은 누가 성적이 우수한지 확인할 수 있는 평가 방식인 상대 평가가 더 좋은 평가라고 주장합니다."

　진우가 차근차근 설명을 마치고 자리에 앉았다. 생각보다 당찬 진우의 설명에 민서가 잔뜩 긴장하며 일어났다.

　"평가를 하는 이유는 무엇일까요? 정말 내가 몇 등인지 확인하기 위함일까요? 아닙니다. 평가는 공부한 것 중에 부족한 부분이 무엇인지 확인하고 보충하려고 하는 것입니다. 절대 평가 중에 대표적인 시험으로 운전면허 시험이 있습니다. 운전면허 시험은 60점 이상이 되면 합격, 60점이 안 되면 운전에 대한 기본 지식이 충분하지 못하다는 의미로 불합격됩니다. 서로 경쟁하지 않아도 되는 것이지요. 절대 평가는 이처럼 서로 등수를 매기며 경쟁하지 않아도 내가 공부를 얼마나 했는지 확인할 수 있다는 큰 장점이 있습니다. 그런 의미에서 저희 팀은 절대 평가가 상대 평가보다 더 올바른 평가 방식이라고 주장합니다."

　민서가 흥분한 목소리로 말을 마쳤다. 선생님이 미소를 지으며 자리에서 일어났다.

 "상대 평가와 절대 평가에 대한 양 팀의 이야기를 잘 들었습니다. 진우는 상대 평가가 여러 사람 중에서 나의 위치를 확인할 수 있다는 점에서 올바른 평가 방법이라고 주장했고, 민서는 서로 등수를 매겨 경쟁하지 않아도 부족한 부분이 있는지 확인할 수 있다는 점에서 절대 평가가 더 올바른 평가 방법이라고 주장했습니다. 그럼 반론을 시작해 볼까요?"

 선생님이 양 팀 아이들을 번갈아 보고 자리에 앉았다. 상대 평가를 찬성하는 팀에서 먼저 반론을 시작했다. 희수가 일어났다.

 "공부는 평생 해야 한다는 말이 있습니다. 배우면 배울수록 더 배워야 할 것들이 생겨나기 때문입니다. 그런데 절대 평가는 일정한 목표를 통과하기만 하면 되기 때문에 목표를 통과할 만큼만 공부하게 됩니다. 공부할 동기를 얻기 어렵지요. 물론 절대 평가가 필요한 시험도 있습니다. 운전면허 시험이 그렇지요. 운전면허 시험은 운전에 대한 기본 지식을 익히는 것이 목표인 시험이기 때문에 절대 평가만 해도 큰 문제가 없습니다. 하지만 학교 공부는 그렇지 않습니다. 더 많은 것을 깊이 있게 공부하기 위해서는 동기가 필요합니다. 상대 평가는 함께 공부하는 친구들과 나의 수준을 비교할 수 있기 때문에 공부를 더 해야 한다는 것을 스스로 깨닫게 됩니다. 이렇게 서로 경쟁하다 보면 학생들의 성적은 점점 올라가게 되겠지요. 이런 의미에서 저희 팀은 절대 평가보다는 상대 평가가 더 올바른 평가라고 생각합니다."

 희수가 반론을 마치고 자리에 앉았다. 곧바로 절대 평가 찬성 팀의 수민이가 일어나 반론을 시작했다.

 "공부를 잘한다, 못한다의 기준은 뭘까요? 학교에서 배우는 기본적인 내용을 다 이해하는 학생들은 공부를 잘하는 걸까요, 못하는 걸까요? 절대 평가를 한다면 배운 것을 이해했는지 확인할 수 있는 기준만 통과하면 공부 잘하는 사람이 될 수 있습니다. 하지만 상대 평가에서는 다릅니다. 1등부터 꼴등까지 순위를 매기기 때문입니다. 이렇듯 상대 평가에서는 꼴찌인 학생이 자신의 실력과 상관없이 패배감을 느낄 수도 있습니다. 공부를 잘하고 못하는 것은 순위로 결정하는 것이 아닙니다. 그런 의미에서 저희 팀은 순위 매기기로 패배감을 주는 상대 평가보다는 절대 평가가 더 올바른 평가라고 생각합니다."

수민이의 반론이 끝났다. 선생님이 양 팀의 주장이 모두 끝날 때까지 조용히 듣고 있다가 입을 열었다.

"양 팀의 팽팽한 반론 잘 들었습니다. 절대 평가가 학생들의 성적을 떨어뜨린다는 주장과 상대 평가가 패배감을 줄 수 있다는 두 주장 모두 설득력이 있다고 생각합니다. 이제부터 상대 팀 주장에 대해 반박할 자료와 최종 변론을 준비할 수 있는 시간을 잠시 갖겠습니다."

선생님의 말이 끝나고 아이들은 서로 머리를 맞대고 의견을 나누었다. 진우는 절대 평가를 찬성하는 팀의 설득력 있는 주장을 듣고 잠시 흔들리기도 했다. 하지만 이내 정신을 가다듬고 어떻게 하면 상대 팀을 설득할 수 있을지 머리를 짜냈다. 잠시 후 드디어 최종 변론을 할 시간이 되었다. 먼저 찬민이가 일어서서 최종 변론을 시작했다.

"여러분, 시험 문제는 왜 적당한 난이도로 내기가 어려울까요? 그것은 학생들이 배우는 내용을 정확히 평가할 수 있는 기준을 만들기가 어렵기 때문입니다. 상대 평가는 시험이 어려울 때든 쉬울 때든 학생들의 능력을 순위로 나타내기 때문에 시험의 난이도와 상관없이 우수한 학생이 누구인지 확인할 수 있습니다. 하지만 절대 평가는 시험이 너무 어렵거나 너무 쉬울 경우 우수한 학생을 가려내기 어렵습니다. 또 그 기준이 정확한지도 확신할 수 없습니다. 오히려 상대 평가가 학생들의 수준을 객관적으로 확인할 수 있다는 점에서 더 정확한 평가가 아닐까요? 그런 의미에서 저희 팀은 상대 평가가 더 올바른 평가 방법이라고 생각합니다."

찬민이의 최종 변론이 끝나자 도현이가 자리에서 일어나 최종 변론을 시작했다.

"교육의 목표는 소수의 뛰어난 사람을 가려내는 것일까요? 아니면 다수의 학생이 제대로 공부하도록 돕는 것일까요? 저희 팀은 교육은 소수의 학생을 위한 것이 아니라 다수의 학생을 위한 것이라고 생각합니다. 상대 평가를 통해 학생들이 끊임없이 경쟁을 하면 정말 학습 능력이 향상되고, 스스로 공부할 수 있게 될까요? 오히려 치열한 경쟁 속에서 공부를 포기하는 학생들이 많아지지 않을까요? 저희 팀은 상대 평가로 인해 생기는 경쟁은 불필요하다고 생각합니다. 공부의 진짜 의미는 몰랐던 것을 알아가는 과정이지 다른 친구들과 경쟁해서 1등이 되는 것이 아니기 때문입니다. 평가의 목표는 모든 학생이 배워야 할 것들을 익히도록 돕기 위한 것이라고 믿습니다. 그런 의미에서 저희 팀은 절대 평가가 상대 평가보다 더 올바른 평가 방법이라고 생각합니다."

도현이가 최종 변론을 마치고 자리에 앉았다. 토론반 선생님이 천천히 고개를 끄덕이며 말했다.

"두 팀의 최종 변론까지 잘 들었습니다. 여러분이 이야기한 것처럼 상대 평가와 절대 평가는 저마다 장단점을 가지고 있습니다. 그래서 시험의 목적에 따라 절대 평가와 상대 평가를 적절히 선택하여 시험 제도를 만들기도 하고, 절대 평가와 상대 평가를 섞어 평가하기도 합니다. 이번 토론을 통해 상대 평가와 절대 평가 중 어느 평가가 더 올바른지 정답을 찾기보다 평가를 하는 이유가 무엇인지 생각해 보는 계기가 되었기를 바랍니다. 모두 토론 준비와 발표하느라 수고 많았습니다."

선생님 말이 끝나자 아이들은 서로를 바라보며 고개를 끄덕였다.

"두 번째 토론 거리는 여러분의 상황에 좀 더 밀접한 주제를 이야기해 보면 좋을 듯합니다. 우리 학교가 평가를 할 때 시험 문제를 푸는 지필 평가와 활동이나 과제를 평가하는 수행 평가를 함께 보고 있다는 것을 잘 알고 있지요?"

"네!"

아이들이 모두 힘차게 대답했다.

"그럼 지필 평가와 수행 평가 중 어느 평가 방식이 더 효과적인 방법일까요? 여러분이 이 주제로 이야기를 나누면 어떨까요?"

"좋아요, 선생님! 이번엔 우리 수행 평가 팀이 토론에서 이길 수 있도록 최선을 다할게요."

민서가 흥분해서 외쳤다.

"야, 아직 팀도 안 나누었는데 넌 벌써 수행 평가 찬성 팀이야?"

희수가 놀란 표정으로 말했다.

"당연하지! 이번 토론에서 같은 팀이었던 도현이와 수민이 모두 우리 팀 되는 거 맞지?"

민서가 이렇게 말하고 도현이와 수민이에게 어깨동무를 했다.

"나 참!"

도현이와 수민이 모두 황당하다는 듯한 표정을 지었지만 민서의 제안이 싫지는 않았다.

"하하, 그럼 어쩔 수 없이 지필 평가 찬성 팀은 찬민이와 희수 그리고 진우가 해야겠네."

선생님이 웃으며 말했다. 아이들도 모두 동의한다는 듯이 큰 소리로 웃었다.

지필 평가가 가장 효과적인 평가 방법이야 vs 수행 평가를 해야 공부의 과정도 평가할 수 있어

두 번째 토론 시간이 돌아왔다. 도현이는 토론을 준비하면서 학교에서 하는 평가 방법들에 대해서 좀 더 고민해 보았다. 그전엔 평가라면 그냥 성적표에 나오는 것만 생각했는데 이젠 평가 방식도 다양하다는 것을 알게 되었다. 다양한 평가 방식을 알고 나니 평가 방식에 따라 공부를 달리해야 하겠다는 생각도 들었다.

'이번 토론을 하고 나면 평가에 대해 어떤 생각을 하게 될까?'

도현이는 기대감에 부풀어 토론반 교실 문을 열었다. 토론반에는 이미 친구들이 와서 기다리고 있었다. 도현이가 자리에 앉아 토론 준비를 막 끝냈을 때 선생님이 들어왔고 드디어 두 번째 토론이 시작되었다.

"'올바른 평가는 무엇일까?'라는 주제로 첫 번째 토론을 끝내고 이제 두 번째 토론을 시작합니다. 이번 토론 거리는 '지필 평가와 수행 평가 중 어느 것이 더 좋은 방법인가?'입니다. 먼저 양 팀의 주장을 들어 볼까요?"

선생님이 말을 마치고 자리에 앉자 희수가 일어나서 설명을 시작하였다.

"'시험을 본다.'라고 하면 보통 어떤 모습이 떠오르나요? 교실에 앉아서 선생님이 나누어 준 시험지를 정해진 시간 내에 푸는 모습이 떠오릅니다. 바로 지필 평가입니다. 지필 평가는 시험지로 문제를 직접 풀어서 공부한 내용을 평가하는 방법입니다. 중간고사와 기말고사가 바로 대표적인 지필 평가지요. 이 방법은 학교에서 가장 흔하게 사용합니다. 한 번에 많은 학생을 평가할 수 있고, 학생들이 배운 내용을 정확히 알고 있는지 손쉽고 빠르게 파악할 수 있다는 점에서 효과적이기 때문입니다. 물론 미술이나 체육처럼 지필 평가로 보기 어려운 것들도 있습니다. 하지만 학교에서 배우는 대부분의 학습 내용은 지필 평가로 평가가 가능합니다. 체육이나 미술도 올바른 운동 상식을 평가하거나 미술의 역사를 평가할 때 지필 평가를 이용할 수 있습니다. 그런 의미에서 지필 평가가 가장 효과적이고 정확한 평가라고 생각합니다."

희수가 주장을 마치고 자리에 앉았다. 이윽고 상대 팀 수민이가 일어

나서 주장을 시작했다.

"여러분, 지필 시험을 준비할 때 어떻게 공부하나요? 무조건 밑줄을 긋고 암기를 합니다. 비슷한 문제를 풀어 보기도 하지요. 그러나 시험이 끝나고 며칠이 지나면 무엇을 공부했는지 기억나지 않는 경우가 많습니다. 시험만 보면 끝이기 때문입니다. 하지만 수행 평가는 다릅니다. 수행 평가는 학생들이 실제로 수업하는 과정에서 활동 모습과 결과물을 평가하기 때문에 과정 평가라고 불리기도 합니다. 따라서 단지 암기 실력으로만 평가하는 지필 평가보다는 수행 평가가 훨씬 올바른 평가 방법이라고 생각합니다."

수민이가 설명을 마치고 자리에 앉았다. 선생님이 양 팀의 주장을 다 듣고 입을 열었다.

"양 팀의 주장 잘 들었습니다. 희수는 지필 평가가 간단하며 효과적이고 정확하다는 점을 들어 올바른 평가라고 주장했고, 수민이는 수행 평가가 단순한 암기가 아닌 배우는 과정을 평가한다는 점에서 올바른 평가라고 주장하였습니다. 그럼 지금부터 양 팀의 주장에 대한 반론을 들어 보겠습니다."

곧이어 찬민이가 결의에 찬 표정으로 일어나서 반론을 시작하였다.

"수행 평가는 평가의 정확도가 떨어질 수밖에 없습니다. 왜냐하면 수행 평가는 평가자의 주관적인 기준으로 평가하기 때문에 같은 대상을 평가하더라도 결과가 다를 수 있기 때문입니다. 사람마다 생각이 다르고, 좋고 싫음이 다르기 때문에 객관적인 평가라는 것이 불가능하지요.

하지만 지필 평가는 모두에게 동일한 문제를 주고 동일한 시간에 문제를 푼 결과를 평가합니다. 여기에는 어떠한 주관적 판단도 들어가지 않습니다. 훨씬 정확한 평가가 가능합니다. 평가는 정확하고 객관적 기준을 가지고 있어야 합니다. 그래서 저희 팀은 정확한 근거를 가지고 평가할 수 있는 지필 평가가 훨씬 올바른 평가 방법이라고 생각합니다."

찬민이의 반론이 끝나자 도현이가 차분한 목소리로 반론을 시작했다.

"지필 평가는 방법이 단순합니다. 객관식 문제와 단답형 문제가 전부입니다. 학생의 능력을 종합적으로 평가하기에는 한계가 있지요. 예를 들어 우리가 배우는 국어는 말하기와 듣기, 쓰기와 읽기를 모두 포함합

니다. 그런데 이 모든 것을 지필 평가만으로는 평가할 수 없습니다. 말하는 능력을 시험지로 평가하는 것은 불가능하기 때문입니다. 하지만 수행 평가는 다릅니다. 자신이 알고 있는 것을 논리적으로 적는 서술 평가, 알고 있는 것을 말로 표현하는 구술 평가, 어떤 과제를 잘하는지 살피는 실기 평가, 특정한 주제에 대해 묻고 답하는 방식의 면접 평가, 자신이 아는 것을 얼마나 잘 정리했는지 평가하는 연구 보고서, 지금까지의 활동을 모아서 평가하는 포트폴리오 등 다양한 방식으로 평가할 수 있습니다. 물론 수행 평가에도 평가의 기준이 있습니다. 선생님들이 그때그때 기분에 따라 평가하는 것이 아니라 일정한 기준에 의거하여 평가하는 것입니다. 그러므로 다양한 방식으로 평가가 가능한 수행 평가가 지필 평가보다 더 올바른 평가 방법이라고 생각합니다."

도현이가 반론을 마치고 자리에 앉았다. 선생님이 미소를 지으며 찬민이와 도현이를 바라보았다.

"두 팀 모두 반론에서 두 가지 평가 방식의 장단점을 이야기했군요. 최종 변론에서 어떻게 주장이 완성될지 궁금해지네요. 잠시 팀별로 주장할 내용을 정리하고 최종 변론을 하겠습니다."

팀별로 아이들이 모여 마지막 변론을 위한 회의를 시작했다. 어느 때보다 치밀한 회의가 진행되었다. 회의 시간이 끝나고 진우부터 최종 변론을 시작하였다.

"수행 평가가 제대로 이루어지려면 어느 정도의 시간이 필요할까요? 학생 한 사람 한 사람이 배우는 과정을 제대로 살펴보기 위해서 몇 명의 선생님이 필요할까요? 제가 이런 질문을 하는 이유는 현재 우리나라 실정에서 수행 평가가 효과적인지 알아보기 위해서입니다. 수행 평가의 장점이 제대로 반영되려면 평가 시간이 오래 걸립니다. 따라서 많은 수의 학생들을 평가하는 것이 어렵지요. 하지만 지금 우리나라에서 교사 한 명이 평가해야 할 학생 수는 적게는 스무 명에서 많게는 마흔 명까지 됩니다. 이 모든 아이를 교사 한 명이 제대로 평가할 수 있을까요? 저는 불가능하다고 생각합니다.

현재 대부분의 수행 평가는 과제물 제출 같은 간단한 방식으로 끝납니다. 이것을 보더라도 수행 평가가 그 의미와 달리 학교 현장에서는 효과적으로 쓰이지 못한다는 것을 알 수 있습니다. 그에 비해 지필 평가는 간단하고 명확합니다. 그런 의미에서 우리나라 교육 현실에 맞는 올바른 평가 방식은 지필 평가라고 생각합니다."

진우가 최종 변론을 마치고 자리에 앉았다. 곧바로 민서의 최종 변론이 시작됐다.

"오늘날 우리나라에서 원하는 인재는 단순히 암기만 잘하는 사람이 아니라 자기가 알고 있는 것을 활용하고 더 창의적으로 발전할 수 있는 사람입니다. 그런 의미에서 단지 암기로만 성적을 매기는 지필 평가는 시대에 맞지 않는 평가입니다. 이런 평가 방식을 단지 쉽고 명확하다는 이유로 계속해야 할까요? 물론 수행 평가가 쉽지 않습니다. 시간과 노력이 많이 필요하고 정확한 기준을 마련하기 위한 고민도 해야 합니다. 하지만 힘들고 어렵다는 이유로 간단한 것만 찾는다면 우리나라 교육에 발전이 있을까요? 오히려 우리나라 교육 현실에 알맞은 수행 평가 방법을 더욱 연구하고 발전하는 것이 더 필요한 일이 아닐까요? 그런 의미에서 저는 종합적인 평가가 가능한 수행 평가가 오늘날 우리 사회에서 꼭 필요한 평가 방법이라고 생각합니다."

민서의 이야기가 끝나고 선생님이 고개를 끄덕이며 말했다.

"두 친구의 이야기 모두 잘 들었습니다. 지필 평가와 수행 평가를 토론하면서 평가에 대한 생각도 달라졌을 거라고 예상합니다. 현재 우리나라에서는 지필 평가와 수행 평가를 함께 쓰고 있습니다. 학교에서도 각각의 장단점을 살려 평가하려고 노력하고 있습니다. 선생님도 여러분의 토론을 듣고 올바른 평가 방법을 사용하는 것이 열심히 공부하는 학생들을 돕는 길이라는 생각을 다시 한번 하게 되었습니다. 모두 수고했습니다."

아이들은 선생님 말에 쑥스러운지 서로를 바라보며 웃었다.

그때 민서가 손을 들었다.

"선생님, 저희 이모가 예전에 초등학교에서 일제 고사를 봤다고 하던데 일제 고사도 평가 방법인가요?"

"맞아, 일제 고사는 모든 학교에서 같은 시간에 같은 시험을 치른다고 해서 일제 고사라고 한단다."

"일제 고사를 반대한 사람들도 많았다고 들었어요."

진우가 심각한 표정으로 이야기했다.

"아직도 일제 고사에 대해 찬반 의견이 있지. 참, 그럼 이번 토론 거리는 일제 고사로 하면 어떨까?"

"좋아요! 선생님!"

아이들이 모두 고개를 끄덕였다. 도현이, 수민이, 민서는 일제 고사 반대 팀을, 진우와 찬민이, 희수는 일제 고사 찬성 팀을 맡기로 했다. 도현이는 일제 고사라는 시험을 어른들에게 들어 본 적이 있었지만 정확히 어떤 시험인지는 잘 몰랐다. 하지만 이번 기회에 일제 고사가 어떤 시험인지 알아보는 것도 좋겠다는 생각이 들었다.

일제 고사는 학력 향상에 도움이 돼 vs 일제 고사는 불필요한 경쟁만 부추겨

마지막 토론 시간이 돌아왔다. 도현이는 마지막 토론이라 평소보다 일찍 교실에 왔다. 토론반 교실 문이 열리고 민서가 싱글벙글한 얼굴로 들어왔다.

"야! 도현이 일찍 왔네. 이렇게 준비를 열심히 하는데 이번 토론은 우리 팀 승리가 확실하겠지?"

"오늘 준비는 잘된 거 같아?"

"그럼, 우리가 기선 제압할 거라니까. 나만 믿어!"

민서가 너스레를 떨 동안 아이들과 선생님이 토론반 교실로 들어왔다. 바로 토론이 시작되었다.

"'올바른 평가는 무엇일까?'라는 주제의 마지막 토론이 시작되었습니다. 이번 토론 거리는 일제 고사입니다. 찬반 논쟁이 많았던 주제인 만큼 평가에 대한 고민을 하기에 적절한 주제라고 생각합니다. 그럼 먼저 양 팀의 주장을 들어 보겠습니다."

선생님 말이 끝나자 찬민이가 힘차게 일어나서 발표를 시작했다.

"우리나라는 일제 고사를 1960년대에 시작했다가 1998년에 폐지했습니다. 또 일제 고사는 2009년부터 2017년까지 실시했던 국가 수준 학업 성취도 평가를 말하기도 합니다. 우리나라 학생들의 실력이 어느 정도 되는지 알아보려고 국가 차원에서 많은 비용을 들여 평가했던 것이지요. 일제 고사는 우리나라 교육 수준을 정확히 진단하기 위해 꼭 필요한 평가라고 주장합니다."

찬민이가 발표를 마치고 자리에 앉았다. 이윽고 도현이가 자리에서 일어났다.

"1960년대부터 해 왔던 일제 고사를 왜 1998년에 폐지했을까요? 또다시 시행했다가 2017년에 왜 폐지하였을까요? 바로 전국의 학생들을 점수대로 줄 세우기를 하고, 사교육을 조장한다는 이유로 없앤 것입니다. 정말 전국의 학생들이 똑같은 시험지로 시험을 보아야 학력 수준을 알 수 있을까요? 일제 고사는 우리나라의 교육 수준을 높였을까요? 일제 고사는 국어, 수학, 영어를 중심으로 시험을 보았습니다. 사실 학교에서 배우는 것은 더 많습니다. 그런데 단지 이 세 과목만으로 학생들의 교육 수준을 평가하는 것은 문제가 아닐까요? 교육 전문가들은 지금처럼 일제 고사를 보지 않고 지역별로 뽑은 학교 학생들만 국가 수준 학업 성취도 평가를 보아도 대략적인 학생들의 학력 수준을 확인할 수 있다고 말합니다. 그래서 저희는 전국의 학생들이 모두 보아야 하는 일제 고사는 사교육을 조장하고 전국 학생들을 획일적으로 평가한다는 점에서 불필요하다고 주장합니다."

도현이가 발표를 마치고 자리에 앉았다. 선생님이 도현이와 찬민이를 바라보며 말을 시작했다.

"양 팀의 이야기 잘 들었습니다. 찬민이는 일제 고사가 우리나라 교육 수준을 정확히 진단하기 위해 꼭 필요한 평가라고 했고, 도현이는 반대로 일제 고사가 줄 세우기와 사교육을 조장한다는 이유를 들어 불필요하다고 주장했습니다. 그럼 지금부터 양 팀의 주장을 잘 살피며 반론을 준비해 주기 바랍니다."

반론이 시작되자 먼저 진우가 나섰다.

"일제 고사가 학생들을 획일적으로 평가하고 사교육을 조장한다고 이야기했지만 사실은 그렇지 않습니다. 일제 고사는 학생들에게 전체 등수를 알려 주지 않았습니다. 학생들의 시험 결과는 보통 학력 이상, 기초 학력, 기초 학력 미달이라는 세 가지 평가 기준으로 통보했습니다. 어떤 과목이 부족한지 알려 준다는 면에서 일제 고사는 학생들의 공부에 도움을 주었다고 생각합니다. 뿐만 아니라 기초 학력 미달인 학생들은 학교에서 보충 수업을 통해 학력이 떨어지지 않도록 지원할 수 있습니다. 그런 면에서 일제 고사는 공교육의 수준을 높이는 데 큰 기여를 할 수 있다고 생각합니다. 그래서 저희 팀은 일제 고사가 꼭 필요하다고 생각합니다."

 진우가 반론하고 난 뒤 자리에 앉았다. 이윽고 수민이가 일어나서 반론을 시작했다.

"일제 고사 시행 당시 전국 교직원 노동조합에서 2008년 경기도 지역의 학생과 교사를 대상으로 일제 고사가 학교 수업 방법, 평가 방법을 개선하는 데 기여했는지 설문을 실시했습니다. 그 결과 80.5퍼센트가 효과가 없다고 대답했습니다. 일제 고사가 학습 능력 향상에 기여했느냐는 질문에는 87.9퍼센트가 아니라고 대답했습니다. 일제 고사 찬성 팀의 주장과 달리 일제 고사는 학습 능력 향상에는 크게 기여하지 않는 평가 제도라는 것이 밝혀진 셈입니다. 게다가 이미 각 학교에서는 다양

한 방식으로 학생들을 평가하고 있습니다. 그런데도 국가가 큰돈을 들여 학생들의 학습 능력을 확인할 필요가 있을까요? 학생들은 이미 학교에서 늘 해 오던 평가를 통해 자신의 실력을 제대로 파악하고 있습니다. 결국 일제 고사는 불필요한 평가라는 말입니다."

수민이가 반론을 마치고 자리에 앉았다.

"양 팀의 반론 잘 들었습니다. 일제 고사가 꼭 필요하다는 주장과 불필요하다는 주장이 팽팽하군요. 그럼 이제부터 각 팀의 반론을 잘 살피면서 최종 변론을 준비해 주기 바랍니다."

선생님이 마치 흥미진진한 경기를 보는 것처럼 눈을 반짝이며 말했다. 양 팀은 간단한 회의를 한 뒤 최종 변론을 준비하였다. 먼저 일제 고사 찬성 팀의 희수가 일어났다.

"일제 고사의 실시 이유는 객관적인 시험을 통해 학생들의 학습 능력을 살피고 이에 대한 구체적인 지원을 하기 위함입니다. 물론 각 학교에서도 다양한 방식의 평가를 하고 있지만 학교마다 난이도와 형식이 달라 객관적인 학력 수준을 파악하기에는 부족합니다. 일제 고사는 전국의 학생들이 동일한 시험지를 풀고 그 결과를 받는다는 점에서 객관적이며, 학습이 부족한 학생들에게 구체적인 도움을 줄 수 있다는 장점이 있습니다. 이런 장점 때문에 미국에서도 2015년부터 '커먼 코어(common core)'라는 미국형 일제 고사를 실시하고 있습니다. 학생들이 일제 고사를 부담스러운 시험으로 생각하지 않고, 부족하고 노력해야 할 부분을 살피는 기회로 삼는다면 일제 고사는 꼭 필요한 평가 제도가 될 수 있을 것이라고 생각합니다."

'미국의 예까지 언제 조사를 한 거지?'

희수의 발표 자료에 민서가 놀라움을 금치 못했다. 민서는 서둘러 '커먼 코어'에 대해 추가 조사를 시작했다. 조사를 간신히 마친 민서는 상대 팀에게 밀리지 않으려 더욱 힘을 주어 말을 시작했다.

"2010년에 전국 교직원 노동조합에서 일제 고사 실태 조사 결과를 발표하였습니다. 조사한 초등학교 중 일제 고사를 잘 보기 위해 수업 후에 보충 수업을 한 학교나 수업 시간에 일제 고사 대비 문제 풀이를 한 학교가 절반이 넘는 것으로 나타났습니다. 충북의 모 고등학교는 일제 고사 결과에서 기초 학력 미달이 나오지 않는 학급에 상금을 내걸기도 하고, 수업 대신 일제 고사 대비 시험을 세 번이나 치르게 했다고 합니다. 왜 이런 일들이 발생한 것일까요? 바로 일제 고사가 학생들의 성적을 순위로 매기진 않지만 부진 학생의 비율에 따라 학교 간 평가를 하기 때문입니다. 결국 학생들에게 도움을 주겠다는 일제 고사가 학생들에게 스트레스를 주고 만 것입니다. 이런 문제점 때문에 최근에는 국가 수준 학업 성취도 평가가 일제 고사 방식에서 일부만 참여하는 표집 평가 방식으로 바뀌었습니다. 미국의 '커먼 코어'도 최근 학생들과 교사들의 반발에 부딪히고 있습니다. 이렇게 학교 간 과도한 경쟁을 유발하고 학생들에게 스트레스를 주는 일제 고사가 우리나라 교육에 정말 도움이 되는 평가 제도일까요?"

민서가 최종 변론까지 끝내자 선생님이 말을 시작했다.

"일제 고사에 대해서는 아직도 찬반 논란이 많습니다. 문제는 과거에 일제 고사에 대한 논의가 제대로 이루어지지 않고 강제로 실시했다는 점입니다. 아무리 좋은 평가 방법이라고 해도 강제로 실시한다면 문제가 생길 수밖에 없습니다. 학생들과 학부모 그리고 교사들의 목소리가 함께 어우러져 정말 교육에 도움이 되는 평가 제도를 만드는 것이 필요한 까닭도 이 때문입니다. 여러분이 이번 토론을 통해 평가하는 이유가 무엇인지 그리고 올바른 평가는 무엇인지 생각해 볼 수 있는 기회가 되었기를 바랍니다. 마지막 토론까지 수고한 모두에게 박수를 보냅니다."

아이들이 모두 웃는 얼굴로 손뼉을 쳤다. 도현이는 세 번의 토론을 통해 평가가 단순히 시험을 보는 것이 아니라는 것을 알게 되었다. 그리고 이번 수학 경시대회는 잘 못 봤지만 평가 점수에만 신경 쓰지 않기로 마음먹었다. 오히려 부족한 부분들을 살피는 기회로 만들어야겠다고 다짐하였다.

함께 정리해 보기
올바른 평가와 관련된 쟁점

'상대 평가' 찬성 팀	논쟁이 되는 문제	'절대 평가' 찬성 팀
상대 평가는 한 집단 안에서 자신의 수준을 객관적으로 알 수 있고, 노력한 만큼 등수가 올라가는 것을 확인할 수 있으므로 성적 향상에 도움이 된다.	상대 평가와 절대 평가 중 어떤 것이 성적 향상에 도움이 되는가?	상대 평가는 괜한 경쟁심을 부추겨 스트레스만 줄 뿐 성적 향상에 도움이 되지 않고, 평가의 본래 목적인 학습 내용 확인은 절대 평가만으로 충분하다.
지필 평가는 학생들이 배운 내용을 손쉽고 빠르게 확인할 수 있으므로 가장 효과적인 평가 방법이다.	지필 평가와 수행 평가 중 어떤 평가가 효과적인가?	학습 과정 전체를 제대로 평가하기 위해서는 다양한 방식으로 평가하는 수행 평가가 효과적이다.
일제 고사는 우리나라 교육 수준을 정확하게 진단하기 위해서 꼭 필요한 평가다.	일제 고사는 필요한가?	일제 고사는 성적순으로 학생들을 분류하는 도구이며 사교육을 조장하므로 불필요하다.

3장
경쟁이냐, 협동이냐

흔히들 경쟁은 인간의 본성이라고 합니다. 경쟁을 통해 인류가 발전해 왔고, 끊임없는 경쟁만이 선진국과 어깨를 나란히 할 수 있는 방법이라고도 하지요. 반대로 인간은 협동했을 때 발전하며 위기가 닥쳤을 때도 협동으로 벗어날 수 있다는 주장도 있습니다. 교육에서 경쟁은 어떨까요? 우리나라 교육 현장에서는 협동보다는 경쟁이 중심이 됩니다. 좋은 학교에 가기 위해 경쟁하고 이기는 학생이 우선순위를 차지하지요. 이 장에서는 우리나라 교육에서 경쟁이 꼭 필요한지 알아보고, 경쟁 교육의 장단점을 진단해 봅니다. 아울러 특수 목적 고등학교, 국제 중학교와 혁신 학교를 비교하며 우리나라 사정에 맞는 체제가 무엇인지 알아봅니다.

'적당한 경쟁은 학업에 도움이 된다.' 팀

인류는 경쟁을 통해 발전해 왔어. 학교에서도 적당한 경쟁을 한다면 학습 능력을 향상하는 데 많은 도움이 된다고 생각해. 그러니 성적순으로 혜택을 주는 건 당연해. 성적순으로 혜택을 주어야 선의의 경쟁을 하거든. 뿐만 아니라 학습 동기도 높여 주기 때문에 성적순 혜택은 꼭 필요해. 수준별 이동 수업과 특수 목적 고등학교, 국제 중학교는 이러한 혜택을 더욱 폭넓게 적용한 사례야. 성적이 우수한 학생에게 더 수준 높은 교육을 받게 하는 것이지. 훌륭한 인재를 키운다는 의미에서 꼭 필요한 제도라고 생각해.

'경쟁보다는 협동이 학업에 도움이 된다.' 팀

찬민   진우   수민

경쟁은 과도한 스트레스만 줄 뿐 학습에 전혀 도움이 되지 않아. 따라서 성적순으로 혜택을 주는 건 올바른 교육이 아니라고 생각해. 성적순으로 혜택을 주면 잘하는 학생들만 혜택을 받기 때문에 공부를 못하는 친구들은 오히려 흥미를 잃을 수 있어. 수준별 이동 수업도 학생들에게 상처가 되고 의욕을 떨어뜨릴 수 있으므로 폐지해야 한다고 생각해. 그리고 소수의 출중한 학생들만을 위한 특수 목적 고등학교와 국제 중학교보다는, 모든 학생들이 함께 문제를 해결하고 함께 배우는 과정 속에서 성장하는 혁신 학교가 늘어나야 돼.

경쟁이냐, 협동이냐

토론반 교실에 미리 와 있던 희수가 책을 꺼내고 있는 순간, 문이 활짝 열렸다. 화가 나서 얼굴이 새빨개진 찬민이의 얼굴이 보였다.
"어휴! 정말! 6학년 선생님들 해도 해도 너무한 거 아니야?"
찬민이는 의자에 앉아서도 아직 분이 덜 풀렸는지 씩씩댔다.
"뭐 때문에 그렇게 화가 난 거야?"
희수가 궁금해하며 물었다.
"복도 끝에 걸린 거 못 봤어?"
"아니, 오늘은 그쪽으로 간 적이 없어서……. 거기 뭐가 걸려 있어?"

"아주 끔찍한 게 걸려 있어. 6학년 전체 시험 점수가 쫙!"

"정말? 그건 진짜 말도 안 된다."

그때였다. 도현이와 민서 그리고 수민이와 진우가 연달아 토론반에 들어왔다.

"야! 해결됐어. 역시 우리 토론반 선생님밖에 없다니까."

"그건 또 무슨 말이야?"

희수가 궁금한 얼굴로 의기양양하게 들어오는 민서를 바라보며 말했다.

"시험 점수 공개에 대해 우리가 토론반 선생님께 말씀드렸거든. 그랬더니 토론반 선생님이 6학년 선생님들하고 이야기해서 점수 표를 떼기로 하셨어. 멋지지?"

민서가 마치 무용담을 이야기하는 것처럼 말했다.

"그럼 뭐해. 우리 반 선생님은 시험 점수대로 자리를 앉게 할 거래. 급식 순서도 그렇고. 이건 차별이야."

"진우야, 너는 이번 시험 잘 봤잖아. 근데 뭐가 문제야?"

진우의 말에 희수가 이해가 안 된다는 듯이 물었다.

"누구든 시험 점수 때문에 밥을 늦게 먹는다면 그건 불공평한 거잖아. 안 그래?"

진우가 눈을 동그랗게 뜨고 말했다. 진우의 말을 듣고 보니 희수도 이번 일이 꽤 심각하게 느껴졌다.

"난 진우 의견에 반대야. 성적순으로 혜택을 주면 공부 안 하는 아이

들도 정신 바짝 차리지 않을까?"

민서가 쾌활한 목소리로 말했다.

"맞아, 나도 어느 정도의 경쟁은 공부하는 데 도움이 된다고 생각해."

도현이도 민서의 의견을 지지했다.

"경쟁을 시킨다고 공부 못하는 친구들이 공부를 잘하게 될까? 내가 보기엔 '난 안 돼.' 하고 포기할 경우가 더 많을 것 같은데?"

수민이가 팔짱을 끼고 말했다.

"맞아, 성적순으로 밥을 먹게 하다니 그건 정말 차별이라고 차별!"

찬민이가 흥분해서 목소리를 높였다.

희수는 친구들의 의견을 들으면서 고민이 생겼다. 경쟁을 하다 보면 공부를 더 잘할 수 있을 것 같기도 했지만, 반대로 경쟁이 너무 심해지면 금방 포기하는 친구들도 생길 게 분명하기 때문이었다.

그때였다. 토론반 교실 문이 열리면서 선생님이 들어왔다.

"벌써 다 모였구나. 너희가 관심을 가져 준 덕분에 앞으로도 전체 학년 성적 공개는 하지 않기로 했단다."

선생님이 미소를 지으며 말했다. 하지만 진우는 풀이 죽은 목소리로 말했다.

"선생님, 아직 해결해야 할 문제가 남아 있어요."

진우는 자기 반 상황과 지금까지 토론반 아이들이 의견을 주고받았던 내용을 간단히 설명하였다. 선생님은 진지한 표정으로 이야기를 들고 나서 크게 고개를 끄덕이며 말했다.

"너희도 이번 사건으로 여러 가지 생각을 하고 있었구나. 그럼 이번 토론은 경쟁 중심의 교육이 옳은지 아니면 협동 중심의 교육이 옳은지 이야기해 보면 어떨까?"

아이들은 모두 선생님의 제안에 고개를 끄덕였다.

"선생님! 그럼 첫 번째 토론 거리는 어떤 걸로 할까요?"

희수의 질문에 선생님이 말했다.

"방금 전까지 이야기했던 것으로 하면 될 것 같은데? '성적순으로 혜택을 주는 것이 옳은가, 그른가?'로 말이야."

"좋아요! 전 자신 있어요."

민서가 힘찬 목소리로 말했다. 도현이와 민서는 성적순으로 혜택을 주는 것은 정당하다는 쪽으로, 수민이와 찬민이 그리고 진우는 성적순 혜택을 주는 것은 부당하다는 쪽으로 팀을 나누었다.

희수도 곰곰이 생각하다가 도현이, 민서 팀과 함께하기로 했다. 아직 다른 아이들처럼 생각을 정리하진 않았지만 이번 토론을 통해서 여러 가지 고민을 해결할 수 있을 것 같았다. 다음 토론에 자신만만한 민서는 자신이 받았던 혜택들을 떠올리며 근거를 수집하기 시작했다. 자신감이 넘칠수록 신중하게 행동하라는 선생님의 말을 되새기며 어느 때보다 조심스럽게 토론 준비를 했다.

성적순으로 혜택을 주는 건 당연해 vs 성적순으로 혜택을 주는 것은 올바른 교육이 아니야

"근거는 괜찮은 거 같은데……"

조목조목 따지는 것을 좋아하는 희수는 성격상 첫 주자로 시작하는 것보다 상대 팀의 주장에 반론하는 것을 더 좋아했다. 하지만 이번에는 첫 발표를 맡았기 때문에 조금 더 신경 쓰였다.

"희수야! 안녕! 어제 늦게까지 안 잤다며?"

언제나 쾌활하고 정이 많은 민서가 인사했다.

"응, 그래도 준비를 충분히 해서 마음은 든든해!"

희수가 민서에서 미소를 지어 보였다.

"좋아! 그럼 이번 토론은 우리 팀이 확실히 승리하겠군. 으하하!"

민서가 크게 웃으며 토론반 문을 열었다. 토론반에는 이미 같은 팀인 도현이와 상대 팀 아이들이 모두 와 있었다. 희수는 약간 긴장한 얼굴로 자리에 앉았다. 이윽고 토론반 선생님이 들어왔다.

"즐거운 토론 시간이 돌아왔습니다. 모두 일주일 동안 잘 지냈나요?"

선생님의 질문에 모두 고개를 끄덕였다.

"이번 주 토론 주제는 '경쟁 중심의 교육과 협동 중심의 교육 중 어떤 쪽이 더 좋은가?'입니다. 그중 첫 번째 토론 거리가 바로 '성적순으로 혜택을 주는 것이 옳은가, 그른가?'입니다. 성적이 높은 사람에게 혜택이 돌아간다면 혜택을 받기 위해 서로 경쟁을 하게 될 것입니다. 이렇게 경쟁을 유도하는 방식에 대해 어떻게 생각하는지 각 팀의 주장을 들어 볼까요?"

선생님의 발언이 끝나자 희수가 자리에서 일어나 준비한 내용을 발표했다.

"공부가 항상 쉽고 재미있지는 않습니다. 공부를 해야 하는 기간은 길고 어려운 데 비해 그 결과는 매우 오랜 시간이 지나야 나타나기 때문입니다. 만약 열심히 공부하는데도 성적이 계속 나오지 않는다면 언젠가는 지치겠지요. 반대로 시험을 보고 내가 열심히 노력한 만큼 성적

이 올랐다면 우리는 성적이 오른 것에 기뻐하고 더욱 열심히 할 것입니다. 시험 점수가 오르는 것 하나만으로도 우리는 열심히 공부할 동기를 얻습니다. 만약 성적에 따른 혜택이 더 많아지면 어떨까요? 학생들은 혜택을 받기 위해 더욱 열심히 공부할 것입니다. 학교에서 학생들이 공부를 잘하고 있는지 확인하는 가장 객관적인 기준이 바로 성적입니다. 이렇게 객관적 기준인 성적에 따라 적절한 혜택을 준다면 학생들도 성적을 올리기 위해 열심히 공부하게 될 것입니다. 이런 의미에서 성적에 따라 혜택을 주는 것은 학생들의 학습 동기를 높이고 이를 통해 전체

학생들이 모두 공부를 열심히 하게 만드는 긍정적인 효과를 가지고 있다고 생각합니다."

희수가 차분한 목소리로 발표를 마쳤다. 이어서 상대 팀 수민이가 일어섰다.

"정말 경쟁을 할수록 학생들이 공부를 더 잘하게 될까요? 오히려 공부를 잘하는 일부 학생들만 더 열심히 공부하고 공부를 못하는 학생들은 쉽게 공부를 포기하지 않을까요? 게다가 과도하게 경쟁을 하다 보면 학생들은 성적을 높이기 위한 일만 관심을 가지고 그 외의 일에는 신경 쓰지 않게 될 것입니다. 친구를 사귀는 것이나 교실에서 봉사 활동을 하는 것, 다른 친구들을 돕는 것처럼 우리가 함께 살아갈 때 필요한 것들은 무시하고 오로지 성적을 올리는 일에만 집중하게 될 것입니다. 이렇게 된다면 학교는 학생이 배우고 성장하는 곳이 아니라 그저 성적을 올리기 위한 싸움터가 될 게 뻔합니다. 그런 의미에서 저희는 성적순으로 혜택을 주는 것에 반대합니다."

수민이가 발표를 마치고 자리에 앉았다. 선생님이 수민이와 희수를 번갈아 바라본 후 말을 시작했다.

"양 팀의 이야기 잘 들었습니다. 희수는 성적순으로 혜택을 주면 학생들의 학습 동기를 높여 주고 공부를 열심히 하게 만드는 긍정적인 효과가 있다고 주장했습니다. 반면 수민이는 학교에서 성적순으로 혜택을 줄 경우 학생들 사이에 경쟁이 심해지고 성적과 관련 없는 것들에는 소홀하게 될 것이라고 주장했습니다. 양 팀의 주장을 잘 살펴보면서 반론을 시작하겠습니다."

선생님 말이 끝나자 도현이가 일어나서 바로 반론을 시작했다.

"학교가 공부만 하는 곳이 아니라는 것은 동의합니다. 하지만 학교에서 가장 중요한 것은 공부입니다. 학생들이 공부를 하도록 동기를 부여하는 것은 학교가 해야 할 일입니다. 그런 의미에서 성적에 따라 학생들에게 적절한 혜택을 주는 것은 당연하다고 생각합니다. 원시 시대부터 지금까지 사람들은 경쟁하며 살아왔습니다. 다른 동물과 생존 경쟁을 하며 살아왔고, 경쟁을 통해 농업 기술, 과학 기술 등이 발달했습니다. 이렇게 경쟁의 장점이 분명히 있는데도 경쟁은 무조건 나쁘고 문제를 만든다는 주장은 타당하지 않다고 생각합니다."

도현이가 분명한 목소리로 반론을 마치고 자리에 앉았다. 역사적인 의미까지 짚어 가며 경쟁의 장점을 주장하는 도현이의 발표에 찬민이가 다소 놀란 표정을 지었다. 하지만 곧 호흡을 가다듬고 반론을 시작했다.

"학교에서 공부를 가장 중요하게 생각해야 한다는 의견에는 동의합니다. 하지만 학교는 학생들 모두가 공부에 흥미를 느끼며 제대로, 행복하게 배울 수 있도록 이끌어 주어야 합니다. 성적순으로 혜택을 주는 것은 공부를 잘하는 친구들에게만 동기 부여가 됩니다. 반면, 공부를 못하는 학생들의 자존감을 떨어뜨립니다. 공부를 포기할 뿐만 아니라 나는 아무것도 못하는 패배자라는 생각을 할 수도 있습니다. 이것이 올바른 교육일까요? 공부를 잘하는 친구들에게 혜택을 주기 전에 공부를 못하는 친구들이 공부에 흥미를 느낄 수 있도록 도움을 주는 것이 필요합니다. 이것이 바로 올바른 교육입니다."

찬민이의 반론이 끝나자, 선생님은 잠시 생각을 하고 난 뒤 아이들을 바라보며 입을 열었다.

"양 팀의 반론을 잘 들었습니다. 역사적으로 경쟁의 이점을 증명한 내용과 학교는 학생들 모두가 공부에 흥미를 느끼며 제대로, 행복하게 배울 수 있도록 이끌어 주어야 한다는 주장이 인상 깊었습니다. 그럼 잠시 팀별로 이야기를 나눈 뒤 최종 변론을 시작하겠습니다."

아이들은 곧바로 최종 변론을 위한 토의를 시작했다. 희수는 팀별 토의를 하면서 지금까지 학교에서 경쟁은 당연하다고 생각했었는데 찬민이의 이야기를 들으니 고민이 되기 시작했다. 희수가 토론반을 계속하는 것은 사실 이 때문이었다. 토론을 하면서 고민도 많아지고 생각이 깊어지기 때문이었다. 희수네 팀의 최종 변론은 민서가 맡았다. 민서는 씩씩하게 자리에 일어나서 최종 변론을 시작했다.

"우리가 스포츠 경기를 보거나 직접 경기에 참여할 때 재미를 느끼는 이유는 무엇일까요? 바로 경쟁하기 때문입니다. 내가 응원하는 프로 야구 팀 순위가 올라가면 환호하는 것도 같은 이유지요. 마찬가지로 성적순으로 혜택을 주게 되면 학생들은 자신이 누릴 수 있는 혜택을 생각하고 공부하는 것에 흥미를 느낄 것입니다. 만약 열심히 노력해도 아무런 보상이 없다면 최선을 다하는 사람이 얼마나 될까요? 물론 소외된 학생들도 있을 수 있습니다. 그런 학생들끼리 따로 경쟁하여 순위를 매기고 그에 따라 혜택을 주면 어떨까요? 자신과 비슷한 친구들과 경쟁하다 보면 조금만 노력해도 경쟁에서 이길 수 있다는 자신감이 생길 것입니다. 이런 모든 점들을 볼 때 성적순으로 혜택을 주는 것은 선의의 경쟁을 통해 학습 동기를 높이고 공부하는 능력을 키울 수 있다는 점에서 매우 효과적인 방법이라고 생각합니다."

민서가 목소리를 높여 최종 변론을 마쳤다. 곧이어 상대 팀 진우가 일어나 최종 변론을 시작했다.

"스테판 가르시아와 마비사롬 토르이라는 교수가 경쟁과 성적에 대한 재미있는 실험을 했습니다. 두 그룹을 만들고 간단한 문제를 주어서 얼마나 빨리 푸는지를 알아보는 실험이었습니다. 이때 한 그룹에게는 경쟁 상대가 백 명이라고 이야기해 주고 다른 그룹에는 열 명의 경쟁 상대가 있다고 말해 주었습니다. 두 그룹 중에 어느 그룹이 문제를 더 빨리 풀었을까요? 경쟁자가 많다고 알려 준 그룹이 문제를 더 빨리 풀 것이라는 예상과 달리 오히려 경쟁자가 적다고 알려 준 그룹이 문제를 더 빨리 풀었습니다. 두 교수는 이러한 현상을 'n효과'라고 불렀습니다. 즉, 경쟁자 수(n)가 많을수록 오히려 성과가 낮아진다는 말입니다. 이들의 연구에 따르면 경쟁심이 높은 사람일수록 이러한 현상은 더욱 심해집니다. 이는 경쟁으로 성적을 향상할 수 있다는 주장이 틀렸다는 것을 보여 줍니다. 사람들은 경쟁이 심해지면 실패를 예상해서 그 경쟁을 피한다고 합니다. 즉, 성적순으로 혜택이 많아지고 경쟁이 심해지면 포기하려는 학생들도 증가한다는 것입니다. 이처럼 성적순으로 혜택을 주는 방법은 매우 큰 문제가 있다고 생각합니다."

진우의 최종 변론 끝나자 선생님이 빙그레 웃으며 말했다.

"양 팀의 이야기 잘 들었습니다. 우리가 어떤 것을 배울 때 적절한 보상을 받으면 학습 동기가 높아진다고 합니다. 이런 보상은 공부한 것에 대한 뿌듯함, 새로운 사실을 알게 된 것에 대한 기쁨처럼 공부 자체에서 스스로 얻는 것에서부터 다른 사람에게 듣는 칭찬이나 구체적인 선물까지 다양합니다. 오늘은 성적순으로 혜택을 주는 것이 올바른 것인지에 대한 토론을 했지만, 이후에도 학습 동기를 높일 수 있는 방법은 어떤 것이 있는지 함께 생각해 보면 좋겠습니다. 모두 수고했습니다."

선생님의 말에 아이들이 서로를 보며 씩 웃었다.

"선생님, 그럼 다음 토론 거리는 뭘로 해요?"

찬민이가 손을 들고 외쳤다.

"음, 수준별 이동 수업에 대해 이야기해 보면 어떨까?"

"수준별 이동 수업이요?"

"그래, 수준별 이동 수업은 학생들을 과목별 성적에 따라 몇 개의 집단으로 나누고, 그에 따라 적합한 내용과 방법을 제공하는 수업 방식을 말해. 초등학교에서 수준별 이동 수업을 하는 경우는 거의 없지만 일부 중·고등학교에서는 수준별 이동 수업을 하고 있단다."

"같은 반끼리 공부하는 것도 아니고 성적이 비슷한 사람들끼리 모이면 창피할 것 같아요."

찬민이가 고개를 절레절레 흔들었다. 그러자 민서가 이해할 수 없다는 듯이 말했다.

"자기 수준에 맞춰 공부하면 더 효과적이잖아. 창피한 건 잠깐이라고!"

민서의 말에 희수와 도현이가 고개를 끄덕였다.

"그럼 다음 토론 거리는 수준별 이동 수업이 올바른지 아닌지 토론해 보자."

"네! 선생님!"

희수는 수준별 이동 수업에 대해 어떻게 조사할지 고민이 많았다. 희수는 벌써부터 다음 토론 수업의 긴장감이 느껴졌다.

수준별 이동 수업은 합리적인 제도야 vs 수준별 이동 수업은 불필요한 제도야

두 번째 토론 시간이 돌아왔다. 희수와 같은 팀을 하는 친구들은 이번 토론 주제가 조금 생소했기 때문에 함께 공부하면서 토론을 준비했다. 교육을 주제로 하는 토론은 자신들의 생활과 연결된 것이라 별로 어렵지 않을 것 같았지만 그것은 착각이었다. 토론을 할수록 더욱 첨예한 토론 거리가 쏟아져 한시라도 긴장을 늦출 수 없었다.

아이들이 모두 토론 준비를 마친 후 선생님이 들어왔다.

"두 번째 토론이 시작되었습니다. '경쟁 중심의 교육과 협동 중심의 교육 중 어떤 교육이 더 좋은가?'라는 토론 주제의 두 번째 토론 거리는 '수준별 이동 수업은 올바른 방법인가?'입니다. 수준별 이동 수업은

수준별 이동 수업

　여러분에게는 낯선 제도이지만 일부 중·고등학교에서 시행하고 있는 제도입니다. 어쩌면 여러분이 중학교나 고등학교에 진학하면 직접 경험할 수도 있겠지요. 수준별 이동 수업에 대한 토론을 통해 미리 경험해 보는 시간을 갖는 것도 의미 있으리라 생각합니다. 그럼 이제부터 양 팀의 주장을 들어 보지요."

　선생님 말이 끝나자 도현이가 일어서서 발표를 시작했다.

　"사람은 모두 다릅니다. 얼굴과 생김새와 생각이 다른 것처럼 각자의 능력도 다릅니다. 공부도 마찬가지입니다. 수학이 쉬운 학생도 있고 영어가 쉬운 학생도 있습니다. 그런데 학교에서는 학생들의 능력과 관계

없이 똑같은 내용으로 수업을 합니다. 이로 인해 다른 학생들보다 뒤처지는 학생들도 생기고 아예 공부를 포기하는 학생들도 생깁니다. 수준별 이동 수업은 이런 문제를 해결하는 방법으로 효과적입니다. 특히 수학이나 영어같이 중요한 과목을 학생들의 수준에 따라 공부할 수 있도록 지원하면, 학생들이 공부에 대한 부담감을 덜고 자기 수준에 맞게 공부할 수 있습니다. 그런 의미에서 수준별 이동 수업은 매우 효과적인 방법이라고 생각합니다."

도현이가 발표를 마치고 자리에 앉았다. 이윽고 찬민이가 자리에 일어나서 반대 주장을 시작했다.

"여러분 수학 성적이 나쁘다고 가정해 봅시다. 수준에 따라 세 부류로 나누어 수업을 한다면 여러분은 수준이 가장 낮은 교실에 가서 공부해야 합니다. 교실에 들어가는 순간 수학을 못하는 사람이라는 것이 들통나게 되고, '왜 난 공부를 못하나!' 하고 자책감도 갖게 됩니다. 이러한 상황에서 학생들이 제대로 공부할 수 있을까요? 열등감을 느끼며 공부를 하면 제대로 되지 않겠지요. 결국 수준별 이동 수업은 공부를 잘하는 학생과 못하는 학생을 구분하고 차별하는 방법밖에는 되지 않습니다."

찬민이가 조금 흥분한 목소리로 발표를 끝냈다. 선생님이 양 팀의 의견을 정리해 주었다.

"양 팀의 주장 잘 들었습니다. 수준별 이동 수업 찬성 팀은 학생들의 학습 수준에 따라 공부할 수 있도록 지원해 준다는 의미에서 수준별 이동 수업이 효과적인 방법이라고 주장했습니다. 반대 팀은 수준별 이동 수업은 공부를 잘하는 학생과 못하는 학생을 구분하고 차별하는 결과를 낳는다고 주장했습니다. 그럼 이번엔 반론을 들어 볼까요?"

선생님이 말을 마치자 아이들은 곧바로 반론을 준비했다. 십여 분 뒤에 민서가 일어서서 반론을 시작하였다.

"수준별 이동 수업을 단순히 줄 세우기로 생각하는 것은 장점을 충분히 고려하지 않은 주장이라고 생각합니다. 물론 학습 수준이 낮은 반에서 공부를 하면 처음엔 창피할 수도 있습니다. 하지만 창피함은 잠깐입니다. 자기 수준에 맞는 수업을 받으면 자신감을 가질 테고, 학습 능력이 높아져서 좀 더 높은 수준의 교실로 이동하면 성취감도 느낄 것입니다. 수준별 이동 수업을 반대하는 팀에서는 마치 수준별 이동 수업이 아니면 학생들이 공부 때문에 차별받지 않는 것처럼 이야기합니다. 정말 그럴까요? 공부에 따른 차별은 어쩔 수 없이 생기는 것입니다. 기존의 수업이 이 차별을 해결하는 데 아무 노력도 하지 않았지만, 수준별 이동 수업은 학생들의 수준에 맞는 교육을 통해 자신감을 높여 차별을 줄이는 좋은 방법이라고 생각합니다."

민서의 반론이 끝나자 곧바로 진우가 반론을 시작했다.

"수준별 이동 수업이 학생들에게 학습 동기를 높이고 자신감을 주는 방법이라면 학생들도 이에 대해 긍정적인 평가를 해야 할 것입니다. 하지만 실제로 교육 현장에서 모든 학교가 수준별 이동 수업을 하지는 않습니다. 제주특별자치도 교육청은 2015년부터 수준별 이동 수업을 점

진적으로 폐지하였고, 다른 지역 역시 일반 고등학교의 수준별 이동 수업을 폐지하고 있습니다. 교육감 선거 때마다 후보 공약으로 '수준별 이동 수업 폐지'가 거론되기도 했습니다. 이렇게 수준별 이동 수업을 점차 폐지한 까닭은 무엇일까요? 실제로 수준별 이동 수업의 효과가 없기 때문입니다. 만약 학생, 선생님, 학부모 모두 수준별 이동 수업이 효과가 있다고 생각했다면, 그럴 수 없었겠지요. 수준별 이동 수업이 점차 사라지는 추세인 것을 보아도 불필요한 교육 제도임을 알 수 있습니다. 공부를 못하는 학생들은 하위권 교실에서 학습 동기를 잃어버려 쉽게 포기하고, 중위권 학생들은 상위권 교실로 가려고 사교육에 몰입합니다. 공교육이 정상화되는 것이 아니라 사교육을 조장하는 결과를 불러오는 것이지요. 이렇듯 수준별 이동 수업이 학생들의 자신감을 높이고 학습 능력의 차이를 줄인다는 주장은 현실적이지 않습니다."

양 팀의 반론이 모두 끝났다. 토론반 선생님이 고개를 끄덕이며 일어나며 입을 열었다.

"양 팀의 반론을 잘 들었습니다. 상대 팀의 반론을 잘 살펴서 최종 변론을 발표해 주기 바랍니다. 특히 수준별 이동 수업 찬성 팀은 반대 팀의 문제 제기를 해결할 방법들이 없는지, 그리고 반대 팀은 일반적인 수업 형태가 가진 장점은 무엇인지도 근거로 제시하면 더 훌륭한 정리가 될 것이라고 생각합니다. 그럼 양 팀별로 논의를 한 뒤 최종 변론 시간을 갖겠습니다."

선생님의 말이 끝나고 양 팀의 아이들은 토의를 시작했다. 선생님의 말처럼 지금까지 조사한 것들과 아직 발표하지 않은 자료들을 검토하였다. 한참 시간이 지난 뒤 드디어 최종 변론 시간이 되었다. 먼저 희수가 일어서서 최종 변론을 시작하였다.

"학생들이 수준별 교육 과정을 여전히 우열반으로 생각하는 이유는 무엇일까요? 저는 수학, 영어같이 흔히 주요 과목이라고 손꼽히는 과목의 수업만을 수준별 이동 수업으로 하고 있는 것이 문제라고 생각합니다. 수준별 이동 수업을 좀 더 확대해서 다양한 과목의 수준별 이동 수업이 가능하다면 수학과 영어를 잘하는 학생들만 우월감을 갖고 그렇지 못한 학생들이 열등감을 갖는 문제는 사라질 수 있습니다. 어떤 학생은 영어를 잘하지만 어떤 학생은 사회를 잘하고 어떤 학생들은 과학에 소질이 있는 것처럼, 다양한 과목에서 수준별 이동 수업을 하면 자신의 수준에 따라 이동해서 수업을 받는 것이 당연한 것으로 여겨질 수 있습니다. 뿐만 아니라 수준별로 이동한 교실에서 학생들 개개인의 공부 습관이나 방법들을 구체적으로 진단하고 개인별로 필요한 학습 방법들을 제공한다면 공부의 흥미와 학습 효과를 높일 수 있을 것이라고 생각합니다."

희수가 최종 변론을 마치고 자리에 앉았다. 곧이어 수민이가 일어나 최종 변론을 시작했다.

"수준별 이동 수업은 같은 수준의 학생들만 모여 있기 때문에 서로에게 영향을 주기 어렵습니다. 학생들 스스로 문제를 해결하려면 서로 다른 생각과 수준이 함께 어우러져야 하는데 수준별 이동 수업에서는 불가능하기 때문입니다. 반면 공부를 잘하는 학생과 공부를 못하는 학생이 함께하는 일반 교실은 학생들 서로가 가르치고 배울 수 있는 환경이 됩니다. 2004년 경제 협력 개발 기구(OECD) 교육국 부국장인 베르나르 위고니는 '공부를 못하는 학생과 공부를 잘하는 학생이 모여 있을 경우 성적이 많이 오르는 것으로 나타났으며, 한국의 학력 수준이 높은 것도 성적이 다양한 학생들이 모여서 공부했기 때문'이라고 말했습니다. 즉, 수준별 이동 수업보다는 다양한 수준의 학생들이 함께 동일한 교육 내용을 공부하는 방식이 더 효과적이라는 말입니다. 우리가 공부하는 학교는 작은 사회입니다. 사회에서도 다양한 능력을 가진 사람들이 어울려 살아가듯이 학교에서도 다양한 수준의 학생들이 서로 이해하고 도우며 살아가야 한다고 생각합니다."

수민이가 최종 변론을 끝내고 자리에 앉았다. 선생님이 미소를 지으며 말했다.

"최종 변론까지 최선을 다하는 양 팀의 모습이 보기 좋았습니다. 현재 수준별 이동 수업을 실시하는 학교들이 많이 사라졌지만 수준별 이동 수업을 하고 있는 학교도 일부 남아 있고 이에 대한 우려와 문제점도 사라지지 않았습니다. 수준에 맞는 교육이 중요한지 아니면 모두가 평등한 교육이 더 중요한지 생각하는 관점에 따라 수준별 이동 수업에 대한 생각도 다릅니다. 중요한 것은 학생들이 더 행복하게 학교에서 배울 수 있고 함께 성장할 수 있는 교육 방식은 무엇인가를 고민하는 것이라고 생각합니다. 오늘 여러분도 이번 토론을 통해 많이 고민했을 거

라고 생각합니다. 모두 수고했습니다."

선생님이 정리를 마치고 아이들을 바라보며 말을 이었다.

"이번 토론의 마지막 토론 거리는 경쟁 중심의 학교와 협동 중심의 학교의 실제 모습을 살펴보면 어떨까 합니다. 대표적인 경쟁 중심 학교로는 특수 목적 고등학교와 국제 중학교가 있습니다. 서류 전형과 자체 시험을 통과한 우수한 인재만 입학할 수 있는 곳이지요. 그러나 2025년부터 자율형 사립 고등학교와 외국어 고등학교, 국제 고등학교를 모두 폐지하는 것을 중심으로 한 '초·중등 교육법 시행령' 개정안이 2020년 2월 25일 국무회의를 통과했습니다. 사실상 자사고와 일부 특목고의 폐지를 앞두고 있는 것이지요. 이에 비해 학생들이 협동하여 새로운 변화를 시도하는 곳도 있습니다. 대표적인 예가 바로 혁신 학교입니다. 혁신 학교는 별도의 학생 선발 과정을 거치지 않으며, 일반 학교와 마찬가지로 통학 구역에 있는 학생이라면 누구나 다닐 수 있습니다. 수업은 체험을 중심으로 토론, 협력 등 학생 참여도가 높은 방식으로 진행하지요. 이 두 가지 형태의 학교들에 대해 살펴보는 것은 어떨까요?"

"좋아요!"

민서가 큰 소리로 외쳤다. 아이들이 모두 웃었다. 희수는 특목고 폐지 관련 뉴스에 관심이 있었기 때문에 토론을 기대했다. 지난번 토론과 마찬가지로 희수와 민서 그리고 도현이는 특수 목적 고등학교나 국제 중학교 같은 학교들이 효과적이라는 주장을 하기로 하였고, 수민이와 찬민이 그리고 진우는 혁신 학교가 더 효과적이라고 주장하기로 했다.

특수 목적 고등학교와 국제 중학교가 효과적이야 vs 혁신 학교가 더 효과적이야

마지막 토론 시간이 돌아왔다. 희수는 교육에 대해 토론을 할수록 점점 더 재미를 느꼈다. 토론반에 일찍 와서 토론 준비를 하는 것이 즐겁게 여겨질 정도였다.

'내가 제일 먼저 왔겠지?'

이렇게 생각하고 토론반 교실 문을 열었던 희수는 깜짝 놀랐다. 다른 친구들이 이미 토론반에 와서 열심히 토론 준비를 하고 있었던 것이다. 희수는 미소를 지으며 자리에 앉았다. 얼마 후 선생님이 들어오고 토론이 시작되었다.

"'경쟁 중심의 교육과 협동 중심의 교육 중 어떤 교육이 더 좋은 교육인가?'라는 주제의 마지막 토론 시간입니다. 이번 시간에는 구체적인 문제를 토론할 거라 재미있는 시간이 될 것 같네요. 경쟁에 의해 선발된 학생들이 다니는 특수 목적 학교와 일반 학생들이 다니는 학교를 개혁한 혁신 학교 중 어느 학교가 더 교육의 질이 높은지 이야기하다 보면, 경쟁 중심 교육과 협동 중심의 교육에 대해 더 깊이 있게 고민할 수 있을 것이라고 생각합니다. 그럼 먼저 각 팀의 주장을 들어 보겠습니다."

선생님의 말이 끝나자 민서가 먼저 일어나 발표를 시작했다.

"특수 목적 고등학교는 특수 분야의 전문적인 교육을 목적으로 세워

진 고등학교를 말합니다. 국제 중학교는 국제 관계와 관련된 전문성을 갖춘 인재 양성을 목표로 세운 중학교입니다. 이렇게 특별한 인재를 가르치는 학교가 필요한 이유는 무엇일까요? 바로 우리나라의 가장 중요한 자산은 인재이기 때문입니다. 특수 목적 고등학교나 국제 중학교는 우리나라의 국가 경쟁력을 높이고 교육의 질을 높이는 데 매우 중요한 역할을 하고 있습니다. 이처럼 우수한 인재를 양성하는 학교가 폐지되지 않고 늘어날수록 우리나라 교육이 발전할 뿐만 아니라 우리나라의 발전에도 큰 도움을 줄 것이라고 생각합니다."

민서가 밝게 웃으며 발표를 마쳤다. 진우는 반대로 심각한 표정을 지으며 일어서서 주장을 펼치기 시작했다.

"교육의 발전은 몇몇의 우수한 인재를 기른다고 해결되지 않습니다. 오히려 모든 학교가 제대로 된 교육을 하는 공간으로 변화해야 한다고 생각합니다. 혁신 학교는 민주적인 학교 운영 체제를 바탕으로 획일적인 교육에서 벗어나 기존의 일반 학교를 새로운 학교로 만드는 것을 목표로 합니다. 학생들의 창의력, 성취동기, 민주적인 시민으로서의 능력을 기르기 위해 학교가 변화해야 한다는 생각에서 출발한 것이지요. 그런 맥락에서 혁신 학교가 늘어날수록 우리나라 교육은 진정한 발전을 할 것이라고 생각합니다."

진우가 강한 목소리로 발표를 마쳤다. 선생님이 재미있다는 표정으로 민서와 진우를 바라보다 말을 시작했다.

"양 팀의 주장 잘 들었습니다. 서로 다른 토론 분위기도 재미있었습

니다. 민서는 특수 목적 고등학교나 국제 중학교 같은 학교는 폐지하면 안 되고 오히려 더 많이 늘어나야 인재가 많아지고 우리나라 교육이 발전할 것이라고 주장했습니다. 반면 진우는 학교의 혁신과 변화를 통해 모든 학생의 성장을 목표로 하는 혁신 학교가 늘어나야 우리나라 교육이 진정한 발전을 이룬다고 주장했습니다. 이제부터 상대 팀의 논리를 잘 살펴본 후 반론을 시작하겠습니다."

선생님이 말을 마치고 자리에 앉았다. 이윽고 반론을 위해 희수가 자리에서 일어났다.

"특수 목적 고등학교와 국제 중학교가 소수의 뛰어난 학생만을 위한 학교라는 것은 인정하겠습니다. 하지만 그 학생들이 능력에 맞는 교육을 지원받아야 자신의 능력을 최대한 발휘할 수 있다는 것도 인정해야 합니다. 모든 학생에게 좋은 학교가 되면 좋겠지만 우리나라의 교육 예산은 그리 많지 않습니다. 그런 면에서 특수 목적 고등학교와 국제 중학교는 가장 효율적으로 교육의 질을 높일 수 있는 방법입니다. 혁신 학교가 아무리 좋아도 모든 학교가 혁신 학교가 될 수는 없습니다. 만약 혁신 학교가 정말 효과적인 방법이라면 모든 학교를 당장 혁신 학교로 바꾸었을 것입니다. 하지만 그렇지 않습니다. 그 이유는 무엇일까요? 첫째, 모든 학교를 혁신 학교로 만들기 위해서는 예산이 부족합니다. 둘째, 혁신 학교는 학생 수가 적은 학교에서 효과가 있습니다. 결국 혁신 학교도 일반적인 학교와는 달리 특별한 투자가 있어야 하는 것입니다. 어차피 모든 학교에 지원이 불가능한 상황이라면 뛰어난 인재들을 양성하는 학교에 더 많은 투자를 하는 것이 낫지 않을까요? 그러므로 혁신 학교보다는 특별한 인재 양성에 집중하는 특수 목적 고등학교와 국제 중학교가 더 효과적이라고 생각합니다."

희수의 반론이 끝나자 수민이가 일어나 조용한 목소리로 반론을 시작했다.

"특수 목적 고등학교가 특별한 능력을 가진 인재를 기르는 학교라고 했지만, 대부분의 사람은 좋은 대학에 잘 합격시키는 입시 명문 고등학교라고 생각합니다. 실제로 2020년도 서울 대학교 합격자를 스무 명 이상 낸 고교가 스물두 곳으로 집계되었습니다. 그중 특수 목적 고등학교 및 영재 학교가 열아홉 곳을 차지했고, 일반고는 세 곳에 그쳤습니다. 결국 특별한 인재를 기른다는 특수 목적 고등학교가 명문 대학교를 입학하기 위한 수단으로 전락한 것입니다. 여태껏 많은 학생이 명문 대학교에 진학하기 쉬운 특수 목적 고등학교에 들어가려고 엄청난 노력을 했습니다. 특수 목적 고등학교 입학을 준비하는 학생들을 위한 학원들이 계속 늘어났던 것도 이 때문입니다. 이렇게 특수 목적 고등학교와 국제 중학교는 교육의 질을 높이기는커녕 사교육의 부담을 높이는 역할을 하고 있습니다. 이에 비해 혁신 학교는 입시 위주의 학교라는 일반적인 학교의 모습에서 벗어나 있습니다. 학생의 창의성을 중시하고 협동으로 문제를 해결하는 경험을 익히며, 학생들이 직접 학교 운영에 목소리를 높일 수 있게 지원합니다. 교육 본래의 목적을 찾아가려고 노력한다는 점에서 진정 교육의 질을 높이는 학교라고 생각합니다. 그런 의미에서 저희 팀은 당연히 혁신 학교가 더 효과적이라고 주장합니다."

수민이의 반론이 끝났다. 한 치의 양보도 없는 열띤 토론이었다.

"양 팀의 반론도 잘 들었습니다. 이제 최종 변론만 남았습니다. 경쟁 교육과 협동 교육에 대한 토론의 마지막 시간인 만큼 지금까지의 토론을 정리하는 의미의 최종 변론이 되길 바랍니다."

양 팀은 더욱 오랜 시간 머리를 맞대고 최종 변론을 준비했다. 오랜 시간이 지난 후 양 팀의 최종 변론이 시작되었다. 먼저 도현이가 나섰다.

"최근 혁신 학교가 있는 지역의 아파트값이 폭등하고 있다고 합니다. 혁신 학교가 좋다는 소문이 돌자 혁신 학교에 보내기 위해 이사하는 사람들이 늘어났고 그에 따라 아파트값이 올라가고 있는 것입니다. 이것은 혁신 학교가 그만큼 좋은 학교라는 걸 나타내는 것 같지만 저희 팀은 그렇게 생각하지 않습니다. 일반 학교보다 혁신 학교가 경쟁력이 높기 때문에 사람들이 몰리는 것이라고 생각합니다. 결국 특수 목적 고등학교나 국제 중학교와 다를 바가 없는 것이지요. 경쟁 교육은 선의의 경쟁을 유도하여 뛰어난 인재들은 더 수준 높은 교육을 받을 수 있도록 하고, 그렇지 못한 학생들은 더욱 노력해서 자신의 실력을 키울 수 있도록 이끌어 줄 수 있습니다. 그런 의미에서 경쟁 교육을 통해 인재를 길러 내는 특수 목적 고등학교와 국제 중학교가 더 효과적이며 폐지해선 안 된다고 주장합니다."

도현이의 최종 변론이 끝났다. 이어서 찬민이가 일어나서 최종 변론을 시작했다.

"혁신 학교는 입시를 준비하지 않아도 되고, 학생들에게 경쟁을 유도하지도 않습니다. 그런데도 혁신 학교에 사람이 몰리는 것이 정말 경쟁력 때문이라고 할 수 있을까요? 오히려 저희 팀은 공교육의 변화와 혁신을 요구하는 사람들이 그만큼 많다는 것을 보여 주는 현상이라고 생각합니다. 공교육의 질이 떨어진 것은 학교 교육이 경쟁 중심의 교육으로 변질하였기 때문입니다. 하지만 혁신 학교는 함께 배우고 스스로 생각하는 교육을 합니다. 공교육이 경쟁 교육에 휘둘리는 것이 아닌 올바른 교육의 길로 갈 수 있다는 것을 보여 주고 있는 것입니다. 경쟁 교육을 지지하는 사람들은 경쟁은 인간의 본성이라고 합니다. 정말 그럴까요? 사람들은 서로 돕고 협력할 때 더 많은 발전을 해 왔습니다. 오히려 경쟁 교육은 부당한 방법이라도 경쟁에서 이겨야 한다는 생각을 만들게 합니다. 최근 한 국제 중학교에서 정당한 방법으로 입학하지 않고 부정 입학을 하려는 시도가 적발된 사건이 대표적인 예입니다. 함께 문제를 해결하고 협력하는 교육을 통해서 사람들은 더욱 성장할 수 있고 교육은 발전할 수 있습니다. 그런 의미에서 혁신 학교가 더 효과적이라고 생각합니다."

찬민이의 최종 변론이 모두 끝났다. 이윽고 선생님이 정리 발언을 시작했다.

"양 팀의 마지막 변론도 잘 들었습니다. 경쟁 중심 교육과 협력 중심 교육에 대한 마지막 토론에 대해서도 최선을 다한 양 팀의 모습에 박수를 보내고 싶습니다. 여러분이 고민했던 것들을 잊지 않고, 우리나라 교육에 대해 더 많은 관심을 가진다면 우리나라 교육의 미래는 밝을 것 같습니다. 모두 수고했습니다."

선생님이 힘차게 손뼉을 쳤다. 아이들은 선생님의 칭찬에 모두 얼굴이 빨개졌다. 처음엔 토론 주제에 대한 생각을 정리하지 못했지만 조금씩 자기 생각을 키울 수 있었다. 특히 희수에게는 이렇게 작지만 큰 변화가 소중했다. 토론 과정에서 느끼는 뿌듯함이 점점 더 커졌기 때문이다. 희수는 이번 토론을 통해 배운다는 것이 무엇인지 진정한 의미를 알게 된 것 같았다.

함께 정리해 보기
교육 경쟁과 관련된 쟁점

'적당한 경쟁은 학업에 도움이 된다.' 팀	논쟁이 되는 문제	'경쟁보다는 협동이 학업에 도움이 된다.' 팀
성적에 따라 혜택을 주는 것은 학습 동기를 높여 주어 긍정적인 효과가 있다.	성적순으로 혜택을 주는 것은 올바른가?	성적순으로 혜택을 주는 것은 과도한 경쟁을 부추기고, 성적과 관계없는 것들에는 소홀해지므로 옳지 않다.
수준별 이동 수업은 학생들의 수준에 맞추어 교육할 수 있는 매우 효과적인 방법이다.	수준별 이동 수업은 필요한가?	수준별 이동 수업은 공부를 잘하는 학생과 못하는 학생을 구분하고 차별하게 되는 결과를 낳으므로 불필요하다.
인재가 가장 중요한 자산인 우리나라에서 우수한 인재를 기르기 위해 설립한 특수 목적 고등학교와 국제 중학교는 꼭 필요하다.	특수 목적 고등학교와 국제 중학교는 폐지하는 것이 맞을까?	특수 목적 고등학교와 국제 중학교는 소수의 학생들만을 위한 것이므로 폐지하는 것이 맞다. 많은 학생이 민주적이고 창의적인 교육을 받을 수 있는 혁신 학교가 효과적이다.

4장 우리나라 대학 입시 제도는 올바른가?

우리나라에서 대학 입시는 한 사람의 일생에서 가장 중요한 사건 중 하나로 여겨집니다. 어느 대학에 다니느냐에 따라 인생에서 얻을 수 있는 기회의 폭이 달라지기 때문입니다. 그래서 좋은 대학에 들어가기 위해 온갖 노력을 마다하지 않지요. 이 장에서는 우리나라 입시 제도를 살펴보고, 과연 올바른 대학 입시 제도는 무엇인가 토론해 봅니다. 그리고 대학의 역할이 무엇인지에 대한 논의를 통해 대학 입시 제도의 근본적인 문제를 알아봅니다.

'우리나라 대학 입시 제도는 문제가 있다.' 팀

찬민   도현   희수

우리나라 대학 입시 제도는 문제가 있어. 특히 단 한 번의 시험으로 대학이 결정되는 수학 능력 시험은 문제가 많다고 생각해. 문제 오류와 난이도 조절 실패 등 여러 가지 문제점들이 있기 때문에 대학 입시를 위한 시험으로는 적합하지 않아. 또한 대학 간 서열화는 입시 경쟁을 부추기기 때문에 없어져야 한다고 생각해. 만약 대학 평준화가 이루어진다면 전반적인 교육 문제를 해결할 수 있을 거야. 뿐만 아니라 대학 간 수준 차이를 줄여 대학 본연의 목표인 학문 연구에 도움을 줄 수 있어.

'우리나라 대학 입시 제도는 문제가 없다.' 팀

민서   진우   수민

우리나라 대학 입시 제도는 문제가 없어. 1994년부터 시작하여 20년 넘게 시행하고 있는 수학 능력 시험은 그간 많은 수정을 거치면서 발전되어 온 만큼 가장 안정적이고 효과적인 시험이야. 20년 넘게 유지되어 오고 있는 제도를 굳이 바꿀 필요는 없다고 생각해. 특히 대학 평준화는 입시 위주의 교육 문제를 해결할 수 있는 방안이라고들 하지만, 대학 서열이 분명한 우리나라에서는 불가능해. 뿐만 아니라 대학의 목적은 학생들의 취업 준비를 돕는 것에 있기 때문에 대학 서열화를 유지해야 한다고 생각해.

우리나라 대학 입시 제도는 올바른가?

"언니, 저녁 안 먹을 거야?"

민서가 걱정 가득한 얼굴로 언니 윤서의 방문을 두드렸지만 언니는 아무런 대답을 하지 않았다. 항상 밝고 민서를 걱정해 주던 언니가 이렇게 힘들어하는데 아무것도 해 줄 수 없다는 사실에 민서는 괴로웠다.

고3인 윤서는 며칠 전 수능을 보았다. 그런데 이번 시험이 너무 쉽게 출제되어서 가고 싶은 대학에 가기 어렵게 된 것이다. 3년 동안 대학교 입학만을 바라보며 공부했던 윤서에게는 큰 충격이 아닐 수 없었다.

오늘도 뉴스에서는 올해 수능이 너무 쉽게 출제되어 수능 고득점자

중 정시에 탈락하는 경우도 발생할 거라고 우려했다. 아직 대학 입시라는 것이 남의 이야기처럼 여겨지고 수시니 정시니 하는 말이 어떤 의미인지도 모르는 민서였지만, 언니가 힘들어하는 것을 보니 대학 입시라는 제도를 만든 사람들이 괜히 원망스러웠다. 다음 날 아침까지 열리지 않는 윤서의 방문을 보며 민서는 큰 한숨을 쉬고 학교로 발걸음을 옮겼다. 학교로 가는 내내 민서는 얼굴빛이 어두웠다.

"민서야, 안녕!"

"응, 안녕……."

같은 반 찬민이가 민서에게 반갑게 인사를 하다 민서의 어두운 얼굴을 보고 깜짝 놀랐다.

"깔깔 마녀 송민서가 오늘 왜 이리 어두워? 무슨 일이 생긴 거야?"

"후우."

민서는 대답 대신 길게 한숨을 쉬었다.

"민서야, 왜 그래? 혹시 찬민이가 놀리기라도 했어?"

골목길에서 만난 희수도 민서의 얼굴을 보고 놀라서 달려왔다.

"내, 내가 무슨 말을 했다고 그래."

찬민이가 당황해서 얼굴이 빨개졌다.

"찬민이 때문이 아니야. 우리 언니 때문이야."

민서는 두 친구에게 언니 문제를 털어놓았다. 그래도 친구들에게 이야기하니 마음이 조금 가벼워지는 듯했다.

"걱정되겠다. 하긴 요새 뉴스에서 난리도 아니던데……."

희수가 민서의 어깨를 토닥여 주었다.

"맞아, 고3이 되는 건 정말 끔찍한 거 같아. 우리나라 대학 입시 제도는 뭐가 이렇게 복잡한 건지……. 정말 문제라니까."

찬민이도 목소리를 높이며 맞장구를 쳤다.

"우리나라 대학 입시 제도가 그렇게 문제 있다곤 생각하지 않는데?"

목소리의 주인공은 바로 진우였다.

"대학 입시 제도에 대해 여러 가지 말은 많지만 우리나라 사정에 맞는 제도라고 우리 형이 말한 적이 있어."

진우의 형은 현재 대학교 1학년생이었다.

"치, 너희 형이야 이제 대학생이니까 그런 소리가 나오겠지."

희수가 진우를 흘겨보았다.

"그건 오해야. 난 다만 우리나라 입시 제도는 우리나라 사정에 맞게 만들었다는 이야기를 한 거야. 이번 수능이 문제라고 대학 입시 제도 전체가 잘못되었다고 할 순 없어."

민서는 진우의 이야기를 듣고 고민에 빠졌다. 처음에 언니가 수능 결과 때문에 힘들어하고 있을 때만 해도 우리나라 대학 입시 제도 전체가 문제라고 생각했었다. 그런데 진우의 말을 듣고 보니 단지 수능 결과만 보고 대학 입시 제도 전체를 잘못되었다고 생각하는 건 너무 성급한 결론 같았다.

'그러고 보니 우리나라 대학 입시 제도가 어떤지 전혀 모르잖아. 나도 몇 년 후면 고3인데 말이야.'

이런 생각이 들자 민서는 대학 입시 제도에 대해 자세히 알아보고 싶어졌다.

"그럼, 이번 토론 주제는 우리나라 입시 제도와 관련해서 이야기해 볼래? 이 기회에 공부도 해 보고 말이야."

희수의 제안에 민서는 예전의 생기 있는 얼굴을 찾았다.

"그래, 좋아. 재미있겠다. 그럼 얼른 토론반 선생님께 가서 말해 보자. 빨리 가자!"

민서가 앞서서 달려가기 시작했다.

"야, 같이 가!"

친구들도 민서의 뒤를 따랐다. 선생님은 아이들의 제안을 흔쾌히 받아들였다.

이렇게 해서 다음 토론 주제는 우리나라 입시 제도로 정해졌다. 첫 번째 주제는 수능 제도의 문제점에 대한 내용이었다. 희수와 찬민, 도현이는 수능 제도가 문제가 있다는 팀이 되었고, 진우와 수민이는 수능 제도가 문제가 없다는 팀이 되었다. 민서는 모두의 예상을 깨고 진우와 같은 팀을 선택했다. 민서가 이렇게 선택한 것은 우리나라 입시 제도에 대한 자신의 생각이 정말 옳은 것인지 의심스러웠기 때문이었다.

수능 제도는 합리적이야 vs 수능 제도는 문제가 많아

첫 번째 토론 시간이 다가왔다. 민서는 첫 번째 주자로 발표하기로 했다. 평소보다 많은 자료를 검토하느라 지친 민서는 토론반 교실로 들어가기 전에 크게 하품을 했다.

"너무 무리하게 토론 준비한 건 아니니?"

선생님의 목소리가 뒤에서 들려왔다. 순간 깜짝 놀란 민서의 얼굴이 빨개졌다.

"아, 아니에요!"

민서는 놀란 마음을 진정하고 토론반에 들어갔다. 이미 아이들이 모두 자리에 앉아 토론을 기다리고 있었다. 민서도 재빨리 자기 자리에 앉았다.

"이번 토론 주제는 '우리나라 대학 제도는 올바른가?'입니다. 여러분에게 대학 입시는 먼 이야기일지도 모르지만 대학 입시가 교육에 미치는 영향을 보면 아주 상관이 없다고도 볼 수 없습니다. 이번 토론을 통해 대학 입시를 어떻게 봐야 할지 고민해 보기를 바랍니다. 오늘 토론 거리는 '수학 능력 시험, 즉 수능은 올바른 제도인가, 아닌가?'입니다. 매년 수능이 끝나고 나면 사람들은 여러 가지 문제를 이야기합니다. 수능 제도는 문제가 많은 제도일까요, 아닐까요? 먼저 양 팀의 주장을 들어 보겠습니다."

선생님의 말이 끝났다. 민서가 맨 처음 일어나 발표를 시작했다.

"수능은 1994년에 처음 시작한 대학 입학 제도입니다. 그전까지 있었던 학력고사는 평가 과목이 많고, 단순 암기 문제가 많다는 지적이 있었습니다. 이를 보완하고자 단순한 암기가 아닌 통합적으로 생각하는 능력을 측정할 수 있도록 언어 영역, 수리 영역, 외국어 영역, 탐구 영역으로 나누어 평가를 보는 방식의 수능을 만들었습니다. 수능은 20년이 넘은 역사를 가지고 있습니다. 수능이 이렇게 오래 유지되는 것은 지금까지의 대학 입시 제도 중 수능이 가장 합리적인 선발 제도임을 증명하는 것이라고 생각합니다. 특히 2014년부터 학생들이 난이도를 선택할 수 있게 되는 등 수능은 조금씩 보완되면서 지금에 이르렀습니다. 오랜 기간 수정하며 발전해 온 수능 제도야말로 합리적인 대학 입시 제도라고 생각합니다."

민서가 발표를 마치고 자리에 앉았다. 이윽고 희수가 일어나 발표를 시작했다.

"수능은 정말 합리적인 선발 제도일까요? 수능은 난이도가 너무 높거나 너무 낮게 출제되어 비판을 받아 왔습니다. 이뿐만이 아닙니다. 2012학년도부터 수능 문제의 70퍼센트를 EBS 방송에서 출제하기 시작하면서부터 수능을 처음 도입할 때 주장했던 통합적으로 생각하는 능

력을 측정하는 시험과는 거리가 멀어졌습니다. 학생들이 EBS 방송에서 나오는 내용을 그대로 암기하기 때문에 단순 암기 형태의 시험으로 변한 것입니다. 게다가 2004, 2008, 2010, 2014, 2015, 2017학년도까지 총 여섯 차례나 수능 문제에서 오류가 발생하여 문제가 되었습니다. 이 중에서도 특히 2014학년도 수능

은 만 명이 넘는 학생들의 수능 성적에 변동이 있었지요. 2015학년도에는 복수 정답이 있었고요. 이처럼 수능은 문제가 끊이질 않고 있습니다. 가장 큰 문제는 수능이 초등학교부터 고등학교까지 12년 동안 공부한 성과를 시험 하나로 평가한다는 것입니다. 학력고사의 문제점이 전혀 개선되지 않은 셈입니다. 이런 이유로 저희 팀은 수능 결과 하나로 대학 입학을 결정하고, 기존의 대학 입학시험과 큰 차이가 없는 현재의 수능은 문제가 많다고 생각합니다."

희수가 발표를 마치자 선생님이 말했다.

"양 팀의 주장 잘 들었습니다. 민서는 수능 제도가 가장 오래된 대학 입시 제도이고 20년간 수정되고 발전되어 온 제도라는 점을 이야기했고, 희수는 수능의 난이도와 문제 오류 논란 등을 들어 수능이 문제가

많다고 주장했습니다. 그럼 이제부터 양 팀의 반론을 들어 보겠습니다."

선생님의 말이 끝나고 진우가 냉큼 일어나 반론을 시작했다.

"수능에 오류가 있거나 난이도 조절에서 실패했다는 지적은 인정합니다. 하지만 이것은 문제를 출제하는 사람들의 문제이지 수능 제도 자체의 문제가 아닙니다. 또한 수능 결과 하나로 대학 입학을 결정한다는 주장은 우리나라 대학 입시 제도를 잘 모르고 하는 소리라고 생각합니다. 우리나라 대학 입학은 수능으로만 결정하는 것이 아니라 봉사 활동이나 수상 내역 등 학교생활 전반을 반영하며, 고등학교 때 성적도 내신이라는 이름으로 반영합니다. 또 대학별 논술 고사와 면접 고사 등을 수능과 함께 대학 입학 점수로 반영하고, 학생부 종합 전형도 실시합니다. 학생부 종합 전형은 대학마다 방법이 다르지만 기본적으로 입학 사정관이 학생들의 소질과 능력, 가능성을 평가하여 다양한 능력을 가진 학생을 선발할 수 있게 한 제도입니다. 이렇게 우리나라 대학 입시 제도는 수능 제도와 함께 다양한 제도를 마련하여 수능 제도의 한계를 보완하고 있습니다. 그러므로 지금의 대학 입시 제도와 그 중심에 있는 수능은 합리적인 제도라고 생각합니다."

진우가 반론을 제기하고 자리에 앉았다. 다음은 찬민이가 반론을 제기할 차례였다. 찬민이는 약간 목소리를 높여서 반론을 시작했다.

"수능의 오류 문제가 정말 문제 출제자만 신경을 쓰면 해결될까요? 사실 수능 문제에 대한 논란이 이토록 거센 이유는 대학 합격 여부를 대부분 수능으로 결정하기 때문입니다. 그러니 수능 문제 중 한 문제라

도 잘못 출제되면 큰 논란이 생기는 것입니다. 수능이 합리적이라고 주장하는 팀은 수능을 보완하는 제도가 있다고 주장하지만 아직도 대학 합격에서 면접이나 논술 시험의 비중보다는 수능 점수의 영향력이 절대적입니다. 뿐만 아니라 학생들 입장에서는 수능을 보완하는 제도들이 오히려 부담스럽습니다. 학생부 종합 전형을 통해 대학에 들어가려면 많은 사교육비가 들고 학생들은 수능뿐만 아니라 더 많은 것을 신경 써야 합니다. 그러므로 저희 팀은 현재의 대학 입학 제도 자체에 근본적인 변화가 시급히 필요하고 생각합니다."

찬민이가 반론을 마치고 자리에 앉았다.

"양 팀의 반론을 잘 들었습니다. 수능을 보완하는 제도를 조사한 것

과 그에 대한 비판들도 좋았습니다. 그럼 최종 변론을 준비해 주기 바랍니다."

아이들은 팀별로 최종 변론을 위한 토의를 했다. 이윽고 수민이가 먼저 일어나 최종 변론을 시작하였다.

"우리나라처럼 대학 시험에 목숨을 거는 사회도 없을 것입니다. 그럴수록 대학 입시는 객관적이고 합리적인 선발 제도가 되어야 합니다. 현재의 수능은 지필 평가로 학생들의 능력을 평가한다는 면에서 매우 공평하고 객관적인 선발 제도입니다. 만약 수능 제도가 완전히 폐지되고 대학마다 다른 입시 제도를 시행한다면 어떻게 될까요? 학생들은 대학의 선발 기준에 맞추어서 공부를 할 것이고, 이렇게 되면 학교 교육에는 관심이 없어질 것입니다. 사교육은 더욱 기승을 부릴 게 뻔하고요. 수능은 고등학교 수업에서 배운 내용을 기반으로 열심히 공부를 하면 좋은 결과를 얻을 수 있는 입시 제도입니다. 그렇기 때문에 누구나 수능으로 대학에 합격할 수 있는 기회를 얻을 수 있습니다. 그런 의미에서 현재의 수능은 공교육을 살리는 데 기여하는 효과적인 대학 입시 제도라고 생각합니다."

수민이가 최종 변론을 마치고 자리에 앉았다. 도현이가 약간 긴장한 얼굴로 일어나 최종 변론을 시작했다.

"수능 제도가 시행된 지 벌써 20년이 넘었습니다. 그런데 그사이 우리나라 학생들이 대학 입시를 준비하는 모습은 그리 달라지지 않았습니다. 게다가 수능이 끝날 때마다 수능 제도의 문제점들이 뉴스를 장식

합니다. 이것은 수능이 대학 입시 제도로서 제대로 역할을 하지 못하고 있다는 것을 나타내는 것입니다. 이제는 수능처럼 한 번의 시험으로 대학 합격을 결정하는 제도는 사라져야 한다고 생각합니다. 대신 자질을 갖춘 학생들을 선발하기 위해 초등학교 때부터 고등학교 때까지 12년 동안 공부한 것들을 종합적으로 평가하고 판단할 수 있는 기준을 마련해야 할 것입니다. 새로운 입시 제도를 만든다면 사교육에 휘둘리거나 학교 교육이 입시를 위한 교육으로 변질하는 일들은 없어질 것입니다. 올바른 대학 입시 제도를 만들기 위해서라도 문제가 많은 수능 제도는 사라져야 합니다."

도현이가 마지막 문장에 힘을 주며 최종 변론을 끝냈다. 선생님이 미소를 지으며 입을 열었다.

"최종 변론 잘 들었습니다. 수능과 관련된 토론은 수능만의 문제가 아니라 우리나라 대학 입시 제도 전체를 고민하자는 것입니다. 사실 학생들에게 가장 민감한 문제인 대학 입시 문제에 대해 학생들의 생각을 들어 보는 경우는 거의 없었습니다. 이번 토론이 대학 입시 제도를 고민하는 첫 시작이 되었으면 좋겠습니다. 앞으로 여러분의 고민과 생각들이 모여 대학 입시 제도를 올바르게 바꾸는 힘이 될 것이라고 생각합니다. 모두 수고했습니다."

아이들이 얼굴에 미소를 띠며 서로를 바라보았다.

"두 번째 토론 거리는 대학 제도와 관련된 주제를 다루어 보면 어떨까 싶구나. 너희에게 좀 어려울 수도 있지만 선생님은 대학 평준화에 대한 찬반 토론을 하면 좋을 것 같다."

"대학 평준화요? 그게 뭔데요?"

민서가 고개를 갸웃거리자 선생님이 설명해 주었다.

"대학 평준화 제도는 대학 입시 제도를 바꾸어 대학 입학 자격시험으로 단순화하고 대학의 수준 차를 없애는 방법이야. 이를 통해 입시 중심 교육의 문제와 대학 간의 줄 세우기 문제를 해결하자는 거지."

선생님 설명을 듣고서 민서가 손을 번쩍 들고 말했다.

"평준화가 되면 결국 서울 대학교 같은 명문 대학교가 사라지는 거잖아요? 난 반대!"

민서의 말이 나온 이후로 아이들이 대학 평준화에 대한 자신의 생각을 말하기 시작했다. 순식간에 토론반이 소란스러워지자 선생님이 잠시 아이들을 진정시켰다.

"너희가 잘 모르는 주제이기도 하니까 여기서 바로 이야기하는 것 보다 다음 토론 때까지 생각을 정리해 보는 게 어때?"

"네! 좋아요!"

아이들이 큰 소리로 대답했다. 대학 평준화 반대 팀은 민서, 진우, 수민이가 그리고 대학 평준화 찬성 팀은 희수, 찬민, 도현이가 맡기로 했다.

대학 평준화는 불가능해 vs 대학은 평준화해야 해

두 번째 토론 시간이 시작되었다. 민서는 대학 평준화를 조사하면서 우리나라 대학과 차이점이 많은 다른 나라의 대학들을 알게 되었다. 때로는 우리나라 대학도 외국의 대학처럼 변하면 좋겠다는 생각도 했고, 대학 생활이 어떤 모습일까 상상해 보기도 했다.

"자, 오늘도 열심히 토론해 보자. 아자!"

민서는 토론반 자리에 앉으며 큰 목소리로 외쳤다. 아이들이 민서의 모습을 보고 킥킥댔다. 잠시 후 문이 열리고 토론반 선생님이 들어왔다.

"모두 토론 준비 잘했습니까? 오늘은 '우리나라 대학 제도는 올바른가?'라는 주제의 두 번째 토론 시간입니다. 오늘의 토론 거리는 대학 평준화입니다. 대학 평준화는 입시 제도가 아닌 대학 입학 자격시험을 만들고 국·공립 대학 간의 수준 차이를 없애는 것을 기본으로 하는 대학 제도입니다. 많은 사람이 대학 평준화에 대해서는 여러 가지 의견을 가지고 있으며, 대학 교육이 어떻게 나아가야 하는지 여전히 논란이 많습니다. 조금 어려운 내용일지도 모르지만 대학 평준화를 토론하면서 우리나라 대학 제도에 대해 생각해 보기

바랍니다. 그럼 먼저 양 팀의 주장을 들어 보겠습니다."

선생님이 토론 시작을 알렸고 진우가 일어나 주장을 펼쳤다.

"우리나라에서 가장 좋은 대학은 어느 대학일까요? 바로 서울 대학교입니다. 많은 고등학생이 서울 대학생을 꿈꾸며 공부를 합니다. 서울에 살고 있는 학생들뿐만 아니라 멀리 지방에 살고 있는 학생들도 서울 대학교에 합격하기 위해 공부합니다. 영국의 대학 평가 기관인 THE(Times Higher Education)는 2021년 세계 대학 순위를 발표했는데 서울 대학교는 60위를 기록했습니다. 그 외 400위권 안에 있는 우리나라 대학은 일곱 개 대학뿐이었습니다. 이런 현실에서 대학을 평준화하는 것이 정말 우

리나라 대학 발전에 도움을 줄까요? 대학 평준화로 대학의 수준을 똑같게 만들면 다른 대학들은 수준이 올라갈지 모르겠지만 서울 대학교의 수준은 떨어질 것입니다. 결국 서울 대학교는 세계 60위의 지위도 잃을 게 뻔합니다. 대학은 평준화가 아니라 대학 간의 지속적인 경쟁을 통해서 발전합니다. 이렇게 대학이 서로 경쟁을 통해 수준을 높인다면 서울 대학교도 실력이 점점 높아져서 세계 10위권 안에 있는 하버드나 옥스퍼드 같은 세계 일류 대학과 어깨를 나란히 할 수 있을 것이라고 생각합니다. 그러므로 대학 평준화는 이루어질 수도 없고 이루어져서도 안 된다고 생각합니다."

진우가 발표를 마치고 자리에 앉자 찬민이가 당차게 일어나서 발표를 시작했다.

"우리나라에서 대학은 마치 자격증 같습니다. 좋은 대학을 나오면 취직하기도 쉽고 사회적으로도 인정해 줍니다. 이렇다 보니 학생들은 좋아하는 공부와 적성에 맞게 대학을 선택하는 게 아니라 단지 명문 대학교를 가기 위해 노력합니다. 이런 현실은 우리나라 교육을 병들게 합니다. 이런 모습이 정말 올바른 교육일까요? 대학 평준화는 우리나라 교육을 올바르게 만들 수 있는 제도입니다. 대학 평준화는 모든 대학의 교육 여건을 동등하게 만드는 것을 목적으로 합니다. 대학 평준화가 되면 어느 대학을 졸업했는지 아무 의미가 없습니다. 모든 대학의 수준이 같기 때문에 고등학교 교육은 대학 합격을 위한 공부에서 벗어나 다양하고 폭넓은 방향으로 바뀔 것입니다. 당연히 사교육에 대한 부담도 줄

게 됩니다. 그런 의미에서 대학 평준화는 우리나라 교육의 여러 문제점을 해결할 수 있는 제도라고 생각합니다."

찬민이가 주장을 마치고 자리에 앉았다. 선생님이 말을 이었다.

"양 팀의 주장 잘 들었습니다. 진우는 대학 교육은 대학 간의 경쟁을 통해 발전하는데, 대학의 차이를 없애는 대학 평준화는 우리나라 대학의 경쟁력을 낮춘다고 주장했습니다. 반면 찬민이는 무조건 좋은 대학만 나오면 되는 우리나라 교육 현실이 입시 위주의 경쟁 교육을 만들었고, 이런 문제를 해결하기 위해 대학 평준화가 꼭 필요하다고 주장했습니다. 그럼 이제부터는 양 팀의 주장에 대한 반론을 시작해 보겠습니다."

선생님이 자리에 앉자마자 수민이가 목소리를 가다듬고 반론을 시작했다.

"대학 평준화가 우리나라에서 실현 가능할까요? 프랑스의 대학은 대부분 공립이나 국립 대학교의 형태였고 사립 대학교는 소수였기 때문에 국·공립 대학교의 평준화가 가능했지만 한국은 다릅니다. 한국의 대학은 국·공립 대학교보다 사립 대학교가 많습니다. 국·공립 대학교를 평준화하면 사립 대학교와의 경쟁에서 뒤처질 게 뻔합니다. 결국 학생들은 경쟁력이 높은 사립 대학교를 가기 위해 또다시 경쟁하겠지요. 그러므로 대학 평준화로 경쟁 교육을 없앨 수 있다는 주장은 우리나라 대학 현실을 모르고 이야기하는 것이라고 생각합니다."

수민이가 반론을 끝내고 자리에 앉았다. 프랑스의 예까지 치밀하게 준비한 상대 팀의 반격에 도현이는 살짝 긴장을 했다. 도현이가 떨리는 목소리를 가다듬으며 반론을 시작했다.

"대학 평준화 반대 팀은 대학 평준화를 하면 경쟁을 하지 않아서 대학의 수준이 낮아질 것이라고 주장합니다. 하지만 저희 팀은 학습의 동기는 경쟁으로 생기는 것이 아니라 학문의 탐구와 새로운 지식을 얻는 즐거움을 통해서 생겨난다고 생각합니다. 좋은 대학을 가기 위해 공부하는 것은 자발적인 게 아니라, 경쟁에서 살아남기 위해 억지로 하는 것입니다. 그래서 경쟁이 사라지면 공부의 동기도 사라집니다. 이렇게 경쟁을 이용한 방식은 한계가 있을 수밖에 없습니다. 대학을 평준화하는 방법은 프랑스의 대학 평준화 방법 외에도 여러 가지가 있습니다.

서울 대학교를 포함한 아홉 개의 국립 대학교를 평준화하고 어느 대학에서 수업을 들어도 같은 학점을 인정하는 방안과 정부의 지원을 받는 사립 대학교와 국·공립 대학교를 연결하여 어느 대학에서 강의를 받아도 학점을 인정하는 방안도 검토하고 있습니다. 이렇게 되면 사립 대학교와 국·공립 대학교의 평준화도 가능합니다. 우리나라 사정에 맞는 대학 평준화 방법들을 마련하면 대학 평준화는 실현 가능하다고 생각합니다."

도현이가 반론을 끝내고 자리에 앉았다. 토론반 선생님이 고개를 끄덕이며 발언을 시작했다.

"양 팀의 치열한 반론을 잘 들었습니다. 이제 최종 변론만 남았습니다. 상대 팀의 반론을 살펴 지금까지의 주장을 정리하는 최종 변론을 준비해 주기 바랍니다."

선생님 발언이 끝나자 양 팀이 최종 변론을 위한 토의 시간을 가졌다. 이윽고 민서부터 최종 변론을 시작했다.

"대학 평준화가 정말 우리나라 교육 문제를 해결할 수 있을까요? 외국의 사례를 보면 대학 평준화가 교육 문제를 해결하는 만능열쇠가 아님을 알 수 있습니다. 2020년 영국 세계 대학 평가 기관인 QS 세계 대학 평가에서 프랑스 대학들은 50위 밖으로 밀려났습니다. 대학 평준화가 대학의 수준을 전반적으로 낮게 만들었던 것입니다. 뿐만 아니라 대학 평준화가 이루어진 프랑스에도 명문 대학교가 존재합니다. '그랑제콜'이라고 불리는 엘리트 교육 기관이 바로 그것입니다. 프랑스 학생 중 상위 4퍼센트만 다닐 수 있는 '그랑제콜'을 다니기 위해서 고액의 사교육을 받는 경우도 많다고 합니다. 결국 대학 평준화를 이루었다는 프랑스에도 명문 대학교가 존재하고 입시 경쟁이 치열하다는 말입니다. 이러한 사실을 보더라도 대학 평준화의 문제는 명확합니다. 대학 평준화는 대학의 실력을 떨어뜨리고 이는 결국 교육의 질도 떨어지게 만들 것입니다. 자원도 부족하고 땅도 좁은 우리나라에서 교육으로 인재를 양성하는 것은 국가의 경쟁력을 높이는 일입니다. 대학 평준화로 교육의 질을 떨어뜨리는 것보다는 현재 대학 시스템을 유지하여 우수한 인재들이 공부할 수 있도록 지원하고 선의의 경쟁으로 교육의 질을 높이는 것이 필요합니다."

민서가 최종 변론을 말하고 자리에 앉았다. 곧바로 희수가 일어나서 최종 변론을 시작했다.

"우리나라 교육의 가장 큰 문제점이 과도한 입시 교육이라는 것은 누구나 알고 있습니다. 좋은 대학을 가기 위해 초등학교 때부터 학원과 과외에 매몰되어야 하고 고등학교 수업은 입시 학원처럼 변했습니다. 이런 현실이 과연 옳은 것일까요? 대학 평준화를 반대하는 사람들은 대학 평준화가 모든 대학의 질을 낮출 거라고 주장하지만 전 세계 학문 경쟁력 1위인 핀란드가 바로 국립대 평준화를 이룬 나라라는 사실은 이 주장이 옳지 않다는 것을 증명합니다. 뿐만 아니라 대학 평준화의 문제 때문에 '그랑제콜'이 생긴 것이 아닙니다. '그랑제콜'은 18세기부터 시작된 특수 교육 기관이고 프랑스는 평준화와 비평준화가 함께 존재하는 특수한 경우일 뿐입니다. 이런 상황을 볼 때 대학 평준화는 불가능한 제도가 아니라 프랑스와 핀란드 등 많은 선진국에서 이미 시행하고 있는 합리적인 제도임을 알 수 있습니다. 우리나라에서도 우리나라 사정에 맞는 대학 평준화를 실시한다면 입시 지옥을 없애고, 학벌이 아닌 능력 중심의 사회로 변화할 수 있을 것입니다. 그런 의미에서 대학 평준화는 우리나라 교육을 바꾸기 위해 가장 필요한 제도라고 주장합니다."

희수가 최종 변론을 마치고 자리에 앉았다. 선생님은 아이들을 쭉 둘러보고 말을 시작했다.

"대학 평준화에 대한 마지막 변론까지 잘 들었습니다. 대학 평준화라는 말이 아직 어려운 말이지만 초등학교 때부터 대학 입시를 준비하는 요즘, 대학 평준화에 대한 논의는 앞으로 여러분의 학교생활과도 관련이 깊다고 생각합니다. 그런 면에서 이번 토론이 우리나라의 대학 제도에 대해 관심을 갖는 계기가 되었으면 합니다. 모두 수고 많이 했습니다."

그때 민서가 손을 번쩍 들었다.

"선생님, 전 대학에 대한 토론을 하다 보니 고민이 점점 많아졌어요. 대학의 목적은 무엇일까요?"

민서의 질문에 아이들도 잠시 생각에 잠겼다.

"요새 대학은 취업을 위한 곳이잖아. 어쩔 수 없는 거 아니겠어?"

수민이가 어깨를 으쓱하며 말했다.

"결국 또 시험을 준비하기 위해 대학을 다닌다는 거잖아. 그건 좀 아닌 것 같아."

찬민이가 고개를 절레절레 흔들었다.

"너희 이야기를 들어 보니 마지막 토론 거리는 대학의 목적은 무엇인가에 대해 이야기하는 것이 좋을 것 같구나. 어떠니?"

선생님의 제안에 아이들이 모두 고개를 끄덕였다. 대학 입시 제도에 대한 이야기를 거듭할수록 분위기는 더욱 경직되는 것 같았다. 그도 그릴 것이 학생이라면 누구라도 대학 입시 문제로부터 자유로울 수 없기 때문이다. 대학 입시에 대한 마지막 토론은 어떻게 진행될지 다들 떨리는 마음으로 다음 시간을 기다렸다.

대학은 취업을 위한 곳이야 vs 대학은 학문 연구를 위한 곳이야

마지막 토론 시간이 찾아왔다. 초등학생에게는 상당히 어려운 주제라고 생각했지만 토론을 하면서 좀 더 의젓해진 것 같아 민서는 뿌듯했다. 민서뿐만 아니라 아이들의 생각도 조금씩 달라졌다.

'대학을 꼭 가야 하는 걸까?'

예전 같으면 아무 생각 없이 대학은 꼭 가야 하고 대학을 가야 어른이 된다는 부모님의 말을 들었을 텐데, 토론을 하면서 민서는 정말 대학에서 배울 수 있는 게 무엇인지 고민하게 됐다. 오늘 토론이 기다려지는 것도 바로 그런 이유였다.

토론반 자리에 앉아서 민서는 토론 내용을 곰곰이 생각해 보았다. 활발했던 평소와는 사뭇 다른 민서의 모습에 아이들이 조금 이상하다는 듯이 쳐다보았다. 그때 토론반 선생님이 들어오고 토론이 시작되었다.

"오늘은 '우리나라 대학 제도는 올바른가?'라는 주제의 마지막 토론거리인 '대학의 목적은 무엇인가?'에 대해 토론할 예정입니다. 여러분은

아직 대학생이 되려면 한참 멀었지만 지금까지의 토론을 통해서 여러 가지 고민들을 해 왔기 때문에 이번 마지막 토론도 알찬 시간이 될 것이라고 믿습니다. 그럼 먼저 각 팀의 주장을 시작해 볼까요?"

첫 번째 발표는 수민이가 시작했다. 수민이는 자리에서 일어나서 차분한 목소리로 말하기 시작했다.

"과거 우리나라에서 대학생은 학문을 연구하고 사회에 목소리를 높이는 지성인으로 여겨졌습니다. 하지만 지금은 다릅니다. 통계청 자료에 따르면 2023년 우리나라 일반 고등학교 학생의 대학 진학률은 78.4퍼센트로 절반을 훨씬 넘습니다. 또한 1945년에 7,800여 명에 불과했던 대학생 수도 2024년에는 235만 명이 넘었다고 합니다. 이제 대학생은 학문 연구를 위한 소수의 지성인이 아닌 셈이지요. 게다가 요즘은 고등학교만 졸업해서는 원하는 직장을 구하기 어렵습니다. 이러니 대학 교육의 목표가 취업인 건 당연한 일이 아닐까요? 대학도 이런 현실을 반영하는 건 당연합니다. 대학이 학생들의 취업 준비를 도울수록 대학생들의 직업 선택의 기회도 많아지고 기업도 자신들이 원하는 인재를 선발하는 데 도움이 되기 때문입니다. 그런 의미에서 대학은 취업을 위한 곳이라고 생각합니다."

수민이가 발표를 마치고 자리에 앉았다. 곧이어 도현이가 일어나 발표를 시작했다.

"우리나라 최고의 대학인 서울 대학교의 교육 목표는 '서울 대학교는 자유롭고 비판적이며 창의적인 학문의 전당으로서 대학의 자율과 사회적 책임의 중요성을 되새기면서 진리 탐구의 사명을 충실히 하는 것'입니다. 대학은 자유롭고 비판적인 학문의 연구와 진리 탐구의 공간이라고 해석할 수 있지요. 이러한 교육 목표는 서울 대학교만이 추구하는 것이 아닙니다. 진리 탐구와 학문의 연구는 대학의 가장 중요한 역할이고 가장 큰 목적입니다. 그런데 최근 들어 대학이 취업 학원으로 변하고 있습니다. 대학생들도 자기 전공 공부보다는 취업 준비에 열을 올리고 있지요. 이것이 대학의 참모습일까요? 대학에 들어가기 위한 공부만 하고 사교육까지 받았던 사람들이 대학에 입학해서도 또다시 취업을 위해서만 공부한다면 이것은 올바른 교육이라고 할 수 없습니다. 대학이 교육의 목적을 잊어버리고 취업 학원이 되는 것을 막기 위해서라

도 대학은 학문과 진리를 탐구하는 본연의 모습을 찾아야 한다고 생각합니다."

도현이가 주장을 마치고 자리에 앉았다. 선생님이 말을 이었다.

"양 팀의 주장 잘 들었습니다. 수민이는 오늘날 우리나라 대학은 취직을 위한 관문이 되었고, 이런 현실을 대학이 적극적으로 반영하여 학생들을 돕는 것이 오늘날 우리나라 대학의 목적이라고 말했습니다. 반면 도현이는 대학의 목적이 학문과 진리의 탐구이며 이러한 목적을 이루기 위해 대학은 취업을 위한 공간이 아닌 학문과 진리를 탐구하는 대학 본연의 모습을 찾아야 한다고 주장하였습니다. 그럼 이제부터 양 팀의 반론을 시작해 보겠습니다."

선생님이 미소를 지으며 말을 마쳤다. 곧바로 민서가 반론을 시작했다.

"요즘 많은 대학이 기초 학문을 연구하는 학과들을 폐지하고 있습니다. 가장 큰 이유는 학생들이 이런 기초 학문을 다루는 학과를 선택하지 않기 때문입니다. 왜 그런 일이 발생하는 걸까요? 오늘날에는 기초적인 학문보다 실제 생활에서 사용할 수 있는 실용적인 학문을 더 필요로 하기 때문입니다. 결국 대학을 졸업하고 취업을 할 학생들에게도 언어학, 문학, 역사, 물리학, 화학 같은 기초 학문보다 컴퓨터학, 커뮤니케이션학, 관광학 같은 응용 학문이 더 필요한 것이 현실입니다. 이렇게 취업에 도움이 되지 않는 기초 학문 수요가 줄어들고 응용 학문의 수요가 늘어나는 사회적 변화와 학생들의 요구를 대학은 적극적으

로 받아들여야 한다고 생각합니다. 시대적 변화를 무시하는 대학은 경쟁에서 살아남지 못할 것입니다."

민서가 반론을 끝내고 자리에 앉았다. 이윽고 희수가 일어났다.

"우리나라의 노벨상 수상자는 지난 2000년 노벨 평화상을 수상한 김대중 전 대통령이 유일합니다. 하지만 이웃 나라 일본은 노벨상 수상자가 스물다섯 명이나 됩니다. 이중 과학 분야 수상자는 스물두 명입니다. 일본의 노벨상 수상자가 많은 이유는 무엇일까요? 바로 대학에서 기초 학문을 충실히 연구하기 때문입니다. 게다가 일본 정부에서도 기초 학문에 투자를 아끼지 않고 있습니다. 모든 응용 학문은 기초 학문이 튼튼해야 발전할 수 있습니다. 응용 학문은 기초 학문에서 시작되었기 때문입니다. 기초 학문을 점점 외면하는 현실이 계속된다면 우리나라의 미래는 어두울 수밖에 없습니다. 지금이라도 대학이 학문 연구라는 본래의 역할을 충실히 하고, 취업 수단이 아니라 진리 탐구의 공간이 될 때 응용 학문도 제대로 발전할 수 있을 것입니다."

희수가 반론을 마치고 자리에 앉았다. 선생님이 양 팀의 반론을 모두 듣고 말했다.

"양 팀 반론 잘 들었습니다. 특히 대학의 역할에 대한 서로 다른 의견을 살펴볼 수 있어서 좋았습니다. 이제 상대 팀의 주장을 반박하고 자기 팀 주장을 정리할 수 있는 마지막 발언을 준비하기 바랍니다."

아이들은 최종 변론을 위해 간단히 토의 시간을 가졌다. 서로의 주장을 살펴보고 자신들의 주장을 정리하는 시간을 거친 후 진우부터 최종 변론을 시작했다.

"세상의 변화를 주도했던 스티브 잡스나 빌 게이츠는 대학에서 학문을 연구하는 학자가 아니라, 새로운 아이디어로 세상을 바꾼 기업가들입니다. 대학은 이제 스티브 잡스나 빌 게이츠 같은 혁신적 아이디어를 가지고 세상을 바꿀 수 있는 인재를 기르는 곳이어야 합니다. 이러한 인재상은 오늘날 기업들이 원하는 인재의 모습과 일치합니다. 대학이 취업을 위한 곳이란 말은 입사 시험 준비 학원이 되라는 말이 아닙니다. 대학의 역할이 기업에 필요한 인재를 양성하는 곳으로 바뀌어야 한다는 것입니다. 대학이 실용적인 인재, 기업이 원하는 창의적이고 아이디어가 넘치는 인재를 기르고 이들이 우리나라 기업의 경쟁력을 높인다면, 우리나라는 다른 선진국과 비교해도 손색없는 나라로 발전할 수 있을 것입니다."

진우가 최종 변론을 마치고 자리에 앉았다. 상대 팀에서는 찬민이가 최종 변론을 위해 일어났다.

"우리나라의 많은 기업들이 대학에 투자하기도 하고 아예 대학을 운영하기도 합니다. 이렇게 기업이 대학에 관심을 갖는 이유는 무엇일까요? 바로 기업이 필요한 인재들을 대학에서 길러 내기 위해서입니다. 하지만 이렇게 대학에 기업의 입김이 많이 들어가면 부작용도 생깁니다. 기업에 도움이 되는 학문에 대한 투자는 많이 하지만, 그렇지 않은 학문을 소홀히 할 수도 있기 때문입니다. 이는 대학의 기본적인 목적인 학문 연구에 부합하지 않습니다. 그러므로 대학은 취업 학원과 다름없는 모습에서 하루빨리 벗어나 학문 탐구와 진리를 추구하는 대학 본연의 역할에 충실해야 한다고 생각합니다."

찬민이가 최종 변론을 마치고 자리에 앉았다. 선생님이 아이들을 쭉 둘러보고 토론 정리를 시작했다.

"이상으로 양 팀의 마지막 변론까지 모두 마쳤습니다. 여러분은 지금까지 '우리나라 대학 입시 제도는 올바른가?'라는 주제로 토론을 했습니다. 여러분에게 대학은 어떤 의미인가요? '대학'이란 말은 한자로 풀이하면 '큰 배움'을 나타냅니다. 큰 배움은 무엇일까요? 이번 토론을 통해 대학에서 더 많이, 더 깊이 배운다는 의미를 진지하게 생각해 보았기를 바랍니다. 모두 어려운 주제를 진지하고 성실하게 준비하고 열정적으로 토론해 주어서 선생님은 여러분이 대견스럽습니다. 모두 고생했습니다."

　선생님의 말이 끝나자 아이들은 진지한 표정으로 선생님을 한동안 바라보았다. 민서는 토론을 통해 대학은 당연히 가야 하는 곳이 아니라는 것을 깨달았다. 내가 정말 배우고 싶은 것은 무엇인지, 또 대학에서 배워야 할 것들은 무엇인지 고민해 보는 것이 필요하다고 느꼈다. 민서는 이제 진정한 배움의 목적을 찾겠다고 다짐했다.

함께 정리해 보기
대학 입시 제도와 관련된 쟁점

'우리나라 입시 제도는 문제가 있다.' 팀	논쟁이 되는 문제	'우리나라 입시 제도는 문제가 없다.' 팀
수능의 난이도 문제와 시험 문제 오류 논란이 많고, 단 한 번의 시험으로 대학 입시를 결정하기 때문에 수능은 문제가 많다.	수능 제도는 합리적인가, 문제가 많은가?	수능 제도가 가장 오래된 대학 입시 제도이고 20년간 수정하고 발전해 온 제도이므로 합리적이다.
대학 평준화는 입시 위주의 교육 문제를 해결할 수 있으므로 꼭 해야 한다.	대학 평준화를 해야 하는가?	대학 평준화는 대학 간 경쟁을 사라지게 하고 결과적으로는 대학의 수준을 떨어뜨리므로 하지 말아야 한다.
대학은 취업을 위한 관문이 아니라 진리 탐구와 학문 연구를 위한 곳이다.	대학의 목적은 무엇인가?	오늘날 우리나라 대학은 취직을 위한 관문이 되었고, 이런 현실을 적극적으로 반영하여 학생들이 좋은 회사에 취직할 수 있도록 돕는 것이 대학의 목적이다.

5장 영어 공부는 정말 중요할까?

영어는 전 세계적으로 널리 쓰이는 언어로 국제 무대에서 활동하려면 꼭 필요한 언어입니다. 세계화 시대에 영어는 필수인 셈입니다. 보통 영어 교육은 초등학교 3학년 때부터 시작하고, 사교육 시장에서는 그보다 이른 나이에 시작합니다. 성인 영어 사교육 시장도 만만치 않습니다. 취직과 승진에서 중요하기 때문에 성인이 되어서도 영어 사교육을 계속 받지요. 이렇듯 사교육 시장에서 영어가 차지하는 비중은 대단히 큽니다. 그런데 여기서 한 가지 생각해 볼 문제가 있습니다. 과연 영어가 이렇게까지 많은 비용과 시간을 투자할 만큼 중요한 걸까요? 이 장에서는 영어가 과연 정말로 중요한 것인지 생각해 보고, 영어 교육 방법인 조기 유학과 영어 몰입 교육이 효율적인지 알아봅니다.

'영어 공부는 중요하다.' 팀

찬민　　　도현　　　희수

영어는 대학 입시와 취직을 위해서 그리고 취직 이후에도 꼭 필요한 공부이기 때문에 무엇보다 중요하다고 생각해. 그리고 효과적인 영어 공부를 위해서는 조기 유학이 좋아. 어릴 때 언어를 배울수록 빠르게 습득할 수 있고, 외국에서 영어를 배우면 그 문화까지 함께 배울 수 있거든. 만약 조기 유학이 어렵다면 생활 속에서 영어를 배울 수 있는 영어 몰입 교육도 좋다고 생각해. 영어 몰입 교육 역시 빠른 시간에 영어를 습득할 수 있게 한다는 면에서 효과적이기 때문이야.

'영어 공부가 가장 중요한 것은 아니다.' 팀

민서　　　　진우　　　　수민

이 세상에는 영어보다 훨씬 중요한 공부들이 많아. 영어는 더 깊이 있는 공부를 하기 위한 수단에 지나지 않지. 특히 영어를 전문적으로 사용하는 직업이 아닌 이상 영어가 많이 필요하진 않고 다른 중요한 공부들이 더 필요한 직장도 있어. 따라서 영어를 빠르고 효과적으로 배울 수 있다는 측면에서 많은 사람이 선택하는 조기 유학과 영어 몰입 교육도 반대해. 정서 상태와 영어 학습 수준을 고려하지 않은 지나친 영어 교육은 영어 공부를 포기하게 만들기 때문이야.

영어 공부는 정말 중요할까?

"도현이처럼 영어를 잘하려면 어떻게 해야 하지? 친척 오빠처럼 조기 유학이라도 떠나야 하나?"

수민이는 열심히 노력하는 것만큼 영어가 늘지 않아서 걱정이었다. 지난번 수학여행 때 만난 미국인 관광객과 유창하게 영어로 대화하는 도현이를 보며 영어 공부를 하겠다고 마음먹은 지 6개월이 지났지만 아직도 영어로 말하는 것이 낯설기만 하였다.

도현이는 여름마다 필리핀으로 영어 연수를 떠난다. 수민이의 친척 오빠는 일찌감치 미국으로 조기 유학을 떠났다. 도현이나 친척 오빠를 보면 수민이는 뒤처지고 있는 것 같아 불안했다.

"별수 없지. 영어 공부를 더 하는 수밖에."

수민이는 다시 마음을 다잡고 영어 학원으로 발걸음을 옮겼다. 그때였다. 농구공을 들고 오는 진우가 보였다.

"안녕! 너 농구 연습하고 오는 길이구나?"

"응, 넌 학원 가?"

"응, 영어 학원 가야 해."

수민이의 말에 진우는 고개를 끄덕이며 말했다.

"난 영어는 딱 질색이어서 학교 공부만 간신히 따라가는데 너는 대단하다."

"아니야, 영어를 못하니까 다니는 거야. 어차피 영어는 꼭 해야 하잖아."

수민이가 어쩔 수 없다는 듯 어깨를 으쓱해 보였다.

"에이, 요새는 영어보다 중국어를 하는 게 더 중요하다던데? 나는 내일부터 중국어 학원 다닐 거야."

진우가 고개를 저으며 말했다. 수민이는 영어보다 중국어를 배워야 한다는 진우 말에 눈이 동그래졌다.

"하지만 회사나 대학 시험에서도 영어는 필수잖아. 부모님이나 선생님들도 영어 공부가 가장 중요하다고 하시고……."

수민이의 말에 진우가 답답하다는 표정으로 대답했다.

"영어 공부보다 더 중요한 공부가 얼마나 많은데? 우리 삼촌 말이 우리가 직장을 다닐 때쯤이면 영어보다 더 중요한 것들이 많아질 거라고 했어."

"하지만 그건 아직 잘 모르잖아."

수민이는 진우의 말에 선뜻 동의하기가 어려웠다.

"좋아, 그럼 우리 토론반에서 이야기해 보는 게 어때? 다른 친구들 이야기도 들어 보고 말이야."

진우의 말을 듣고 보니 수민이도 다른 친구들은 어떻게 생각하는지 궁금해졌다.

"좋아. 토론반에서 이야기해 보자!"

진우와 수민이는 서둘러 토론반으로 달려갔다.

잠시 후 수민이와 진우의 말을 들은 선생님이 아이들을 둘러보았다.

"그러니까 이번 토론 주제를 영어 공부로 하고 싶단 말이지? 다른 친구들은 어떻게 생각하니?"

"저도 토론해 보고 싶어요. 전 영어 공부가 그리 중요하지 않다고 생각해요. 저는 화가가 꿈인데 영어 잘해서 뭐 하겠어요. 안 그래요?"

민서의 말에 희수가 고개를 가로저으며 말했다.

"세계적으로 유명한 화가가 되려면 외국 책도 읽어야 하고, 외국에서 전시회도 해야 하니까 영어는 꼭 필요한 거 아니야? 난 영어 공부가 가장 중요하다고 생각해."

"맞아, 영어는 어떤 직업이든 필요하잖아. 꼭 배워야 해."

찬민이가 희수의 말에 동의했다.

"하지만 영어 말고도 배워야 할 것이 많아. 영어만 많이 배운다고 해서 제대로 교육을 받는다고 할 수 있을까?"

민서가 고개를 갸웃거렸다.

"영어 공부가 중요하지 않으면 조기 유학은 왜 가겠어. 나도 중학교 땐 조기 유학 갈 거야."

도현이가 자랑하듯 말했다.

"학교에서도 영어 공부는 많이 하잖아. 난 솔직히 학교 영어 시간도 너무 많다고 생각해. 굳이 초등학교 3학년 때부터 영어를 배워야 할까?"

진우의 말까지 들은 선생님이 입을 열었다.

"너희 의견이 서로 다르지만 정확히 자기주장을 하기는 아직 부족한 거 같다. 토론 준비를 하면서 자신의 생각도 정리하고 다른 친구들의 의견도 이해할 수 있으면 좋겠구나. 우선 이야기가 가장 많이 나온 토론 거리부터 해 보면 어떨까? 영어 공부가 다른 공부보다 중요한지 아니면 그렇지 않은지로 말이야."

선생님의 말에 동의한 친구들이 토론 팀을 나누었다. 희수와 찬민이, 도현이는 영어 공부가 가장 중요하다는 팀이, 진우와 민서, 수민이는 영어 공부가 가장 중요한 것은 아니라는 팀이 되었다. 수민이는 진우와는 생각이 조금 달랐지만 오히려 같은 팀에서 토론하면서 진우와 생각을 교환하고 싶어 같은 팀이 되기로 했다.

영어가 가장 중요해 vs 영어보다 중요한 공부가 더 많아

수민이는 마치 영어 공부를 하는 심정으로 이번 토론을 준비했다. 상대 팀 논리의 문제점을 잘 살피는 것이 특기인 수민이지만 이번엔 어떻게 하면 더 탄탄하게 주장을 펼칠지 고민하며 토론을 준비했다. 수민이는 토론반에 일찍 와서 미리 토론문을 살펴보았다. 미리 와서 준비하고 있자니 아이들이 한두 명씩 토론반에 들어왔다. 수민이가 내용의 마지막 정리를 할 즈음 선생님이 들어왔고 토론이 시작되었다.

"지금까지 우리는 교육에 대한 토론을 했습니다. 그동안 교육에 대한 여러분의 생각을 잘 들어 보았습니다. 이제 마지막 토론 주제가 남았습니다."

선생님 말에 아이들이 아쉬움 가득한 눈빛으로 고개를 끄덕였다.

"마지막 토론 주제는 '영어 공부는 정말 중요할까?'입니다. 우리나라의 영어 공부 비중은 매우 높습니다. 그렇지만 영어 공부에 집중하는 것이 올바른가에 대한 비판도 많이 있습니다. 이번 토론을 통해 왜 영어 공부를 해야 하는지 생각해 보기 바랍니다. 우선 첫 번째 토론 거리는 영어 공부가 가장 중요한 공부인지 아닌지에 대한 토론입니다. 그럼 양 팀의 주장을 들어 보겠습니다."

선생님의 설명이 끝나고 희수가 먼저 일어나 발표를 시작했다.

"영어 공부의 중요성은 말할 필요도 없이 우리 모두가 알고 있습니다. 우리나라에서 초등학교 3학년부터 영어를 가르치는 이유도 여기에 있습니다. 영어는 세계 여러 나라에서 쓰이고 있습니다. 모국어로 영어를 쓰는 사람들은 전 세계 3억 4천만 명 이상이고, 영어를 제2외국어로 쓰는 나라 사람들도 4억 명이 넘습니다. 외국 회사와 함께 일을 할 때도 영어는 꼭 필요합니다. 뿐만 아니라 대학 입시에도 영어는 중요하고 취업에도 필수입니다. 이렇게 중요한 공부가 또 있을까요? 영어 공부가 가장 중요한 것은 당연합니다."

희수가 발표를 마치고 자리에 앉았다. 이어서 수민이가 일어서서 발표를 시작했다.

"영어 공부가 중요한 공부인 것은 사실입니다. 하지만 영어 공부가 가장 중요한 공부라는 것에는 동의할 수 없습니다. 세상에는 영어보다 더 중요한 공부가 많기 때문입니다. 게다가 모든 직업에서 무조건 영어가 필요한 것도 아닙니다. 외국 기업에서 일하거나 영어 통역, 번역같이 영어를 주로 사용하는 직업이 아닌 이상, 대부분의 사람들이 1년 동안 거의 영어를 사용하지 않습니다. 그럼에도 불구하고 영어를 가장 중요한 공부인 것처럼 착각하고 있습니다. 그래서 영어 사교육에 많은 돈을 쓰고 있지요. 우리나라의 영어 사교육 비용은 점점 늘어나고 있다고 합니다. 이렇게 영어 교육만을 중요하게 생각하는 것이 과연 바람직할까요? 우리가 살면서 해야 할 공부는 많습니다. 그 모든 공부를 제외하고도 꼭 해야 할 만큼 영어 공부가 중요하진 않습니다."

수민이가 발표를 마치고 자리에 앉았다. 토론반 선생님이 일어났다.

"양 팀의 주장 잘 들었습니다. 영어 공부가 가장 중요하다는 팀은 대학 입시와 취직에서 영어는 필수이고 취직 이후에도 영어 공부를 계속해야 하기 때문에 영어 공부가 가장 중요하다고 주장했습니다. 반면 영어 공부가 가장 중요한 것은 아니라는 팀은 영어와 관련 전문 직업을 가진 사람이 아니라면 영어를 거의 사용하지 않으며 영어가 다른 공부

를 제치고 꼭 해야 할 만큼 중요한 과목은 아니라고 주장했습니다. 이제 이를 바탕으로 상대 팀에게 날카로운 반론을 하기 바랍니다."

선생님 말이 끝나자 찬민이가 일어나 반론을 시작했다.

"전문적이고 깊이 있는 공부를 위해 영어 공부는 반드시 필요합니다. 대학교에서는 전문 지식을 습득하기 위해 전문 서적을 찾아 읽어 보아야 합니다. 그런데 이런 전문 서적 중에 우리말로 번역한 책은 많지 않습니다. 대부분 영어로 된 책들입니다. 뿐만 아니라 국제적인 학술 대회에서 쓰는 언어도 대부분 영어입니다. 이처럼 영어는 학문을 탐구하기 위해서 알아야 할 가장 기본적인 언어입니다. 그러므로 당연히 영어 공부는 가장 중요합니다."

찬민이가 반론을 마치고 자리에 앉았다. 이어서 진우가 일어나서 반론을 시작했다.

"영어 공부가 다른 공부에 도움이 된다는 주장은 인정합니다. 하지만 영어 공부를 가장 중요한 공부라고 주장하는 것은 너무 지나치다고 생각합니다. 전문 서적들 중에는 영어로 된 책들도 있지만 일본어, 중국어, 프랑스어, 독일어로 된 책들도 있습니다. 단지 전문 서적을 읽기 위해 영어가 가장 중요하다고 이야기하기엔 무리가 있습니다. 또한 최근에는 번역 프로그램이나 번역기가 발달해서 국제회의에서도 자기 나라 말로 이야기를 하는 사람들이 많아졌습니다. 앞으로 번역기가 더욱 발달한다면 영어를 포함한 다양한 언어들을 손쉽게 번역하여 정보를 얻을 수 있게 될 것입니다. 이런 사회에서 더욱 필요한 것은 전문 분야이지 영어가 아닙니다. 그런 의미에서 영어 공부가 가장 중요하다는 주장에 동의할 수 없습니다."

진우의 반론이 끝나자 선생님이 말을 시작했다.

"'영어 공부가 가장 중요하다, 아니다.'에 대한 여러분의 주장과 반론을 잘 들었습니다. 마지막 변론도 서로의 주장들을 잘 살펴보고 준비해 주기 바랍니다."

선생님 말이 끝난 뒤 아이들이 최종 변론을 위한 토의를 시작했다. 시간이 지나고 도현이가 먼저 일어나 최종 변론을 시작했다.

"영어 공부가 가장 중요한 공부가 아니라고 주장하는 팀에서도 영어 공부가 다른 학문을 위한 수단으로서 중요한 역할을 한다는 것은 인정하고 있습니다. 그만큼 기본이 되는 공부이기 때문에 대학 시험에서도 영어를 빼놓을 수 없습니다. 영어를 전공하지 않더라도 대학의 필수 교양 과목으로 영어는 꼭 들어가고, 대학을 졸업한 뒤에도 영어 공부는 계속해야 합니다. 또 직장에 취직을 했다고 해서 영어 공부가 끝나는 것이 아닙니다. 승진을 하려면 영어 점수는 필수이고 다른 회사로 옮길 때에도 영어 실력이 중요한 기준이 되기도 합니다. 직장인 중 55퍼센트 이상이 영어 공부에 대한 스트레스를 느낀다는 설문 조사 결과를 보면 취업 후에도 영어의 중요성이 줄어들지 않는다는 것을 알 수 있습니다. 영어처럼 취업 후에도 끊이지 않고 공부를 해야 하는 과목은 없습니다. 즉, 영어 공부는 가장 중요하고 필수적인 공부라는 의미입니다. 영어가 가장 중요하다는 말은 그냥 하는 말이 아니라 실제로 많은 사람이 피부로 느끼는 현실입니다."

도현이가 최종 변론을 마치고 자리에 앉았다. 잠시 후 민서가 일어나 최종 변론을 시작했다.

"정말 영어 공부를 반드시 해야 하고 영어 실력이 없으면 취업이 안 되는 걸까요? 우리나라 취업 시장을 보면 실제로 토익 점수 없이 취업이 가능한 중소기업들이 생각보다 많이 있습니다. 또 토익 점수를 요구

한다고 해도 회사에서 정해 둔 최저 점수만 넘으면 되는 식이지요. 이렇게 중소기업들이 영어 점수를 중요하게 생각하지 않는 이유는 실제 회사 생활에서 영어가 그리 필요하지 않기 때문입니다. 또 대기업이라고 하여도 직무에 따라 영어를 전혀 사용하지 않는 곳도 많고요. 오히려 많은 대기업이 사전에 영어 점수나 학벌을 보지 않는 이른바 무전형 선발을 하기도 합니다. 이 사실은 영어가 가장 중요하고 영어 공부를 하지 않으면 취직할 수 없다는 주장과 다른 결과입니다. 영어 실력은 대학 입시나 취직에서 하나의 평가 항목일 뿐이지 절대적인 선발 기준이 아닙니다. 다른 능력은 없어도 영어 실력만으로 합격할 수 있는 대학과 직장은 존재하지 않습니다. 그러므로 영어가 가장 중요하다는 주장은 동의할 수 없고 올바른 주장도 아니라고 생각합니다."

민서가 최종 변론을 마치고 자리에 앉았다. 선생님이 미소 띤 얼굴로 말을 시작했다.

"양 팀의 흥미진진한 토론 잘 들었습니다. 영어 공부는 대부분의 사람들이 부담스러워합니다. 오늘 토론이 여러분에게 영어 공부에 대해 깊이 고민할 수 있는 기회가 되었기를 바랍니다. 모두 수고했습니다."

토론을 마치고 다음 토론 거리에 대한 이야기를 시작했다. 수민이가 손을 들었다.

"영어 교육 때문에 조기 유학을 가는 친구들이 많잖아요? 조기 유학에 대해서 찬반 토론을 해 보면 어떨까요?"

"그거 좋은 생각이네. 모두 어떠니?"

아이들이 모두 고개를 끄덕였다.

"그럼 조기 유학 찬성 팀과 반대 팀은 그대로 해도 되겠지?"

선생님의 물음에 아이들은 모두 동의했다. 수민이는 이번 기회에 조기 유학에 대해 많은 조사를 해 보겠다고 다짐했다.

조기 유학은 영어 공부에 도움이 돼 vs 조기 유학은 문제가 많아

두 번째 토론 시간이 돌아왔다. 수민이는 영어를 잘하기 위해 조기 유학을 가는 친구들을 보고 조금 걱정하기도 했지만 한편으로는 부럽기도 했었다. 하지만 그때는 조기 유학이 어떤 것인지 잘 몰랐다. 수민이는 두 번째 토론인 조기 유학에 대해 이야기하면서 장단점을 파악할 수 있는 좋은 기회라는 생각이 들었다.

수민이가 토론반에 들어와서 앉자마자 아이들이 우르르 들어왔다.

"수민아, 토론 준비는 잘했어?"

진우의 질문에 수민이는 고개를 끄덕였다.

"응, 일단 자료 준비할 것은 다 한 것 같아. 넌 중국어 공부는 잘돼?"

진우가 머리를 긁적였다.

"아니, 생각보다 어렵더라고 발음도 어렵고 쓰는 것도……. 그래도 열심히 해 보려고."

수민이는 새로운 것을 시도하는 진우의 모습을 보니 조금 부러웠다. 그때 토론반 교실 문이 열리고 선생님이 들어왔다.

"벌써 두 번째 토론 시간이 돌아왔습니다. 우리가 토론하는 주제인 '영어 공부는 정말 중요할까?'에 대해 많은 생각들을 했는지 모르겠네요. 오늘의 토론 거리는 조기 유학입니다. 어린 나이에 영어를 배우기 위해 조기 유학을 가는 학생들이 많이 있습니다. 그리고 그에 대한 문제점을 이야기하는 사람들도 많습니다. 조기 유학은 효과적인 선택일까요? 아니면 너무 성급한 판단일까요? 이번 토론을 통해서 서로의 생각을 주고받는 시간이 되길 바랍니다. 그런 먼저 양 팀의 주장을 들어 보겠습니다."

양 팀의 발표가 시작되었다. 먼저 찬민이가 일어났다.

"언어를 배우는 데에도 시기가 있다는 사실을 아시나요? 언어를 다루는 대뇌는 유아기부터 14세 이전까지 매우 활발하게 발달하다 14세 이후부터는 능력이 점차 쇠퇴한다고 합니다. 소리를 내는 발성 기관도 유아기 때는 매우 유연해서 많은 근육이 필요한 발음을 쉽게 내며 발달할 수 있지만 사춘기 이후에는 쇠퇴한다고 합니다. 결국 어렸을 때 언어 교육을 할수록 큰 효과를 볼 수 있다는 것입니다. 영어도 언어입니다. 그러므로 어렸을 때부터 영어 교육을 시키는 것이 좋습니다. 우리나라가 중학교 때부터 배우던 영어를 초등학교 때부터 교육하게 한 것도 이런 이유 때문입니다. 같은 맥락에서 조기 유학을 통해 영어를 모국어로 사용하는 곳에서 영어를 배우면 그 효과는 더욱 좋을 것입니다. 그런 이유로 조기 유학은 효과적인 방법이라고 생각합니다."

찬민이의 발표가 끝나고 곧이어 진우가 일어나 발표를 시작했다.

"영어 공부를 어렸을 때 해야 한다는 사람들의 생각과 달리 학교에서는 영어를 처음 배우는 3학년 때부터 영어를 포기하는 학생들이 많다는 것을 알고 있나요? 실제로 영어 교육학자들의 연구를 살펴보면 조기 영어 교육이 부작용이 많다는 사실을 알 수 있습니다. 특히 영어 유치원에서처럼 우리말을 제대로 익히기 전부터 영어를 배우면 우리말 발

음조차 부정확해질 뿐만 아니라 발달 단계에 있는 아이들이 어려운 과제에 대해 쉽게 포기한다고 합니다. 2020년 소아 청소년 정신 건강 의학과 전문의 대상 설문에 따르면 영어 조기 교육이 영유아 정신 건강에 안 좋은 영향을 준다고 말했습니다. 이는 어린아이들에게 영어 교육이 심리적인 부담과 스트레스를 유발하기 때문이라고 합니다. 이렇게 조기 영어 교육 자체의 부작용도 해결하지 못했는데 조기 유학이 정말 효과가 있을까요? 조기 영어 교육의 부작용처럼 조기 유학도 부작용이 있을 수밖에 없습니다. 이런 이유로 저희 팀은 영어 조기 유학을 반대합니다."

진우가 이야기를 마치고 자리에 앉았다. 선생님이 미소를 지으며 한참 양 팀을 바라본 후 말을 이었다.

"양 팀에서 많은 준비를 했군요. 잘 들었습니다. 찬민이는 어렸을 때 영어를 접하고 배우면 효과가 좋기 때문에 조기 유학에 찬성한다고 주장했습니다. 반면 진우는 영어 유치원 학생들이 발달이 늦어질 수 있다는 점을 들어 조기 유학에 문제가 있다고 주장했습니다. 그럼 이번에는 양 팀의 반론을 들어 보겠습니다."

선생님이 양 팀을 다시 바라보았다. 도현이가 바로 일어서서 반론을 시작했다.

"조기 유학은 아주 어린 나이에 보내는 것이 아닙니다. 그러므로 조기 영어 교육의 문제점을 조기 유학에도 똑같이 적용하는 주장에는 수긍할 수 없습니다. 조기 유학은 스스로 어느 정도 생활할 수 있는 나

이인 초등 고학년이나 중·고등학교 때 갑니다. 이런 시기에 외국에 가서 공부하고 생활하다 보면, 영어를 생활화할 수 있고 자립심을 키우는 데에도 도움을 줍니다. 또한 영어 공부만 하는 게 아니라, 선진 교육을 받으며 발표력, 창의력, 리더십 등을 기를 기회가 더 많아집니다. 이는 앞으로 세계화 시대의 인재로 성장하는 데 큰 도움을 줄 것입니다. 그런 의미에서 저희 팀은 조기 유학은 큰 도움을 준다고 생각합니다."

도현이가 반론을 마치고 자리에 앉자 민서가 벌떡 일어나서 반론을 시작했다.

"정말 조기 유학은 좋은 점만 있을까요? 조기 유학은 엄청난 비용이 드는 교육입니다. 미국에서 조기 유학을 할 경우 학비를 제외하고 생활비만 우리나라의 세 배 이상 든다고 합니다. 이렇게 많은 돈을 들이는데 그만큼 효과를 얻을 수 있을까요? 조기 유학을 찬성하는 팀은 조기 유학을 간 학생들이 자립심이 생긴다고 주장하지만 사실 부모의 보살핌과 지원이 없는 상태에 있기 때문에 학생들은 불안감을 가질 수밖에 없습니다. 결국 마음에 상처만 입고 한국으로 돌아오는 학생들도 많습니다. 그러므로 많은 비용이 들고 낯선 곳에서 겪는 어려움들로 오히려 문제가 되는 조기 유학은 효과적인 영어 교육 방법이라고 할 수 없습니다."

민서가 반론을 마치고 자리에 앉았다. 선생님이 일어서며 입을 열었다.

"양 팀의 조기 유학에 대한 치열한 반론 잘 들었습니다. 양 팀 모두 조사를 철저히 했군요. 자, 이제 최종 변론을 준비해 주기 바랍니다. 팀별 토의 후 바로 최종 변론을 시작하겠습니다."

아이들이 팀별로 모여 토의를 시작했다. 그리고 잠시 후 희수부터 최종 변론을 시작했다.

"모든 언어는 그 언어를 사용하는 사람들의 생활 모습과 문화에 대한 이해가 있어야 제대로 공부할 수 있습니다. 조기 유학의 장점 중 하나가 바로 이것입니다. 조기 유학은 단지 언어를 익히는 것이 아니라 외국의 생활과 문화를 함께 배울 수 있는 기회입니다. 어릴 때부터 외국 문화를 경험하고 언어를 배우게 되면 영어 습득이 쉬울 뿐 아니라, 자연스럽게 다른 나라 문화에 대한 이해도 높일 수 있습니다. 이런 이유로 조기 유학은 매우 효과적인 교육 방법이라고 생각합니다."

희수가 최종 변론을 마치고 자리에 앉았다. 상대 팀의 수민이가 일어서서 최종 변론을 시작했다.
　"정말 영어를 잘하기 위해 조기 유학은 꼭 필요한 것일까요? 조기 유학생 수가 해마다 감소하는 것도 조기 유학이 가진 이런 어려움과 문제들 때문입니다. 게다가 영어 공부만을 위한 유학이었기 때문에 다른 과목은 신경 쓰지 않아 한국으로 돌아왔을 때 또래 학생들과 학력 차이가 나는 경우가 많습니다. 뿐만 아니라 조기 유학을 해도 영어 실력이 쉽게 늘지 않는 경우도 많습니다. 조기 유학생들 중에는 한국 학생들끼리 모여 있는 경우가 많아서 영어보다 한국어를 더 많이 쓰기 때문입니다. 그리고 개인의 노력이 뒷받침되어야 하는 영어 문법이나 작문 실력은 오히려 한국에서 영어의 기초를 배우고 가는 것보다 늘지 않기도 합니다. 영어 교육에 대한 과열 현상이 조기 유학을 가기만 하면 성공할 수 있다는 잘못된 믿음을 심어 주었고, 결국 학생들에게 유학 생활의 상처와 어려움을 겪게 만들었다고 생각합니다. 그러므로 저희 팀은 영어 공부를 위해 조기 유학을 가는 것에 반대하며 영어 공부는 한국에서도 충분히 가능하다고 주장합니다."
　수민이가 최종 변론을 마치고 자리에 앉았다. 뒤이어 선생님이 양 팀의 의견을 정리해 주었다.
　"조기 유학에 대한 열띤 토론 잘 들었습니다. 토론을 통해 여러분이 조기 유학의 장단점을 살펴보고 이를 통해 영어 교육에 대해 고민한 만큼 앞으로 영어 공부를 할 때 올바른 선택을 하기를 바랍니다. 이상으로 토론을 마치겠습니다. 모두 수고했습니다."

그때였다. 찬민이가 손을 번쩍 들었다.

"선생님, 그럼 마지막 토론은 어떤 내용으로 하면 될까요?"

"음, 어떤 토론 거리가 좋을까? 아! 영어 몰입 교육 찬반 토론을 해 보면 어떨까?"

선생님이 무릎을 탁 치며 말했다.

"영어 몰입 교육이요? 그게 뭐예요?"

찬민이의 질문에 옆에 있던 진우가 입을 열었다.

"영어 시간이 아닌 시간에도 영어로 수업하는 것을 말해."

"그럼 영어 공부는 확실히 되겠네."

희수의 눈이 빛났다. 하지만 진우는 고개를 가로저었다.

"천만에. 영어 몰입 교육은 문제가 많아."

"그래도……."

아이들의 목소리가 커지자 선생님이 입을 열었다.

"토론은 다음 시간에 하는 게 어떨까? 마지막 토론 시간이니 최선을 다해 준비해 줄 수 있겠지?"

"네, 선생님."

아이들이 큰 소리로 대답했다. 희수, 찬민, 도현이는 영어 몰입 교육 찬성 팀이, 수민, 진우, 민서는 영어 몰입 교육 반대 팀이 되었다. 수민이는 마지막 토론이라고 생각하니 새삼 긴장이 되었다.

영어 몰입 교육은 글로벌 시대에 필수야 vs 과도한 영어 교육은 부작용을 일으켜

마지막 토론 시간이 돌아왔다. 수민이는 이번 토론을 통해 영어 공부에 대해 많이 알 수 있어서 좋았다. 만약 토론을 하지 않았다면 부모님이 시키는 대로 영어 학원을 다니면서 억지로 영어 공부를 하고 있었을 것이다. 수민이는 이번 토론을 통해 영어 공부에 대한 생각을 정리한 것이 가장 중요한 성과라고 생각했다.

'오늘도 열심히 토론해야지!'

수민이는 지금까지 정리한 토론 자료를 다시 한번 살펴보고 크게 심호흡을 했다.

아이들이 하나둘 교실로 들어오고 토론이 시작되자, 수민이는 마지막 토론 수업에 임하는 자신의 다짐을 되새겼다.

"오늘 토론은 영어 교육을 주제로 한 토론의 마지막 시간입니다. 오늘 토론 거리는 '영어 몰입 교육은 올바른가?'입니다. 다른 수업에서도 영어를 사용하는 영어 몰입 교육은 효과적일까요? 아니면 문제가 있을까요? 영어 몰입 교육에 대한 여러분의 생각과 주장을 펼치다 보면 어떤 영어 교육이 올바른지 정답을 찾을 수 있을 거라 생각합니다. 자, 먼저 양 팀의 주장을 들어 보겠습니다."

선생님의 설명이 끝나자마자 도현이가 일어나 씩씩한 목소리로 발표를 시작했다.

영어 몰입 교육이란?

영어를 가르치는 방법 중 하나로, 영어 과목 외에도 수학, 과학, 역사와 같은 다른 과목을 영어로 수업하는 방식이다. 단, 영어 몰입 교육 체제에서도 국어과 과목은 한국어로 수업한다. 영어 몰입 교육은 영어를 집중적으로 배울 수 있다는 장점이 있지만 비용과 실효성 문제에 부딪혀 현재는 일부 학원에서만 시행한다.

"언어는 생활 속에서 배우는 것이 가장 효과적이라고 합니다. 영어도 마찬가지입니다. 하지만 우리나라에서는 영어를 생활 속에서 배우기 어렵습니다. 영어를 쓰는 경우가 적기 때문이지요. 그런데 생활 속에서 영어를 공부할 수 있는 손쉬운 방법이 있습니다. 바로 영어 몰입 교육입니다. 영어 몰입 교육은 영어 시간뿐 아니라 다른 과목 시간에도 영어로 수업하고 질문과 대답을 해야 하기 때문에 빠르게 영어를 습득할 수 있다는 장점이 있습니다. 그런 의미에서 영어 몰입 교육은 매우 효과적인 영어 교육 방법이라고 생각합니다."

도현이의 발표가 끝나자 곧바로 민서가 일어났다.

"영어는 많은 학생이 부담스러워하는 과목입니다. 하지만 우리가 어려워하는 건 영어만이 아닙니다. 그런데 모든 과목을 영어로 공부하면 어떻게 될까요? 우리말로도 이해하기 어려운데 더 이해하기 힘들 것입니다. 게다가 수학이나 과학의 개념어 중에는 일상생활에서 쓰는 말보다 어려운 단어들이 많습니다. 이런 상황에서 제대로 수업을 할 수 있을까요? 현실적인 부분을 고려했을 때 저희 팀은 영어 몰입 교육을 반대합니다."

민서가 주장을 끝내고 자리에 앉았다. 선생님이 일어서서 말을 시작했다.

"양 팀의 주장을 잘 들었습니다. 도현이는 생활 속에서 영어를 배울 수 있는 영어 몰입 교육이 빠르게 영어를 습득할 수 있다는 장점을 들어 찬성한다고 주장했습니다. 반면 민서는 영어 몰입 교육은 학생들이 어려워하는 다른 과목도 영어로 수업하면 과목 수업의 질을 떨어뜨리기 때문에 영어 몰입 교육을 반대한다고 주장했습니다. 그럼 이제 양 팀에서는 서로의 주장을 반박할 의견을 준비해 주기 바랍니다."

선생님이 설명을 마치고 자리에 앉았다. 희수가 먼저 일어나서 주장을 시작했다.

"다른 과목 수업도 영어로 하면 그 교과의 질을 떨어뜨릴 수도 있습니다. 처음에는 학생들이 영어 수업 경험도 없고 영어로 된 용어가 생소해서 수업을 따라가기 쉽지 않겠지요. 하지만 어느 정도 시간이 지나 사용하는 용어가 익숙해지면 그리 문제가 되지 않을 것입니다. 각 교과의 기본적인 교육 내용을 그대로 따라가기 때문에 금세 내용을 이해할 수 있습니다. 게다가 교과서는 모두 우리말로 되어 있어 내용을 이해하지 못하는 학생들은 교과서를 참고하면서 공부하면 됩니다. 가장 중요한 사실은 영어 몰입 교육으로 영어 실력이 월등하게 높아질 수 있다는 점입니다. 수업, 발표, 토론까지 모두 영어로 하기 때문에 자연스럽게 영어를 배우고 영어에 대한 자신감도 갖게 됩니다. 이렇게 학생들의 영어 실력 향상에 큰 효과가 있는 영어 몰입 교육은 반드시 확대해야 합니다."

희수가 반론을 마치고 자리에 앉자 수민이가 차분히 일어나 반론을 시작했다.

"영어 몰입 교육은 영어를 잘하는 학생들에게는 효과적일 수 있습니다. 영어 듣기와 말하기가 모두 가능한 학생들은 적극적으로 수업에 참여할 게 분명합니다. 하지만 영어를 못하는 학생들은 어떨까요? 영어 몰입 교육이 시작되면 모든 수업이 듣고 싶지 않을 것입니다. 영어 몰입 교육이 영어 실력만큼은 향상시킬 거라는 말도 영어를 아주 잘하는 친구들에게만 해당합니다. 영어를 못하는 학생들에게 영어로 토론하는 것은 매우 어려운 일입니다. 과학을 잘하는 친구라도 영어를 못하면 수업 중에 궁금한 것도 질문할 수 없습니다. 뿐만 아니라 선생님이 수업 시간에 설명하는 말들을 제대로 알아듣지 못해 좌절감은 더 커질 것이 분명합니다. 이런 상황에서 정말 영어 몰입 교육이 효과적일까요? 영어 실력이 출중하지 않은 대부분의 학생들에게 영어 몰입 교육은 부담감만 키워 줄 뿐 효과적이지 않습니다."

수민이의 반론이 끝나자 선생님이 웃는 얼굴로 말했다.

　"양 팀의 치열한 반론을 잘 들었습니다. 상대 팀의 반론을 잘 살피고 자신들의 주장을 명확히 할 수 있도록 잠시 토의 시간을 갖겠습니다. 그럼 잠시 후에 최종 변론을 시작하겠습니다."

　마지막 토론인 만큼 양 팀의 아이들은 신중하게 자료를 다시 확인하고 토론 준비를 마쳤다. 먼저 찬민이가 일어서서 영어 몰입 교육 찬성의 마지막 변론을 시작했다.

　"영어 몰입 교육은 과도한 사교육비를 줄이는 데에도 도움이 됩니다. 이미 사교육 기관에서는 영어 캠프같이 영어만 사용하는 교육 프로그램으로 영어 몰입 교육을 하고 있습니다. 학교에서 진행하는 영어 수업이 학생들과 학부모의 외면을 받지 않기 위해서는 영어 몰입 교육을 통해 영어 교육의 질을 높여야 한다고 생각합니다. 또한 기초 영어가 필요한 학생들을 위한 지원이 함께 이루어진다면 영어 몰입 교육에서 나타날 수 있는 문제점도 해결될 수 있다고 생각합니다."

　찬민이의 최종 변론이 끝나고 진우가 일어나 영어 몰입 교육 반대의 최종 변론을 시작했다.

　"한번은 서울시 교육청에서 영어 몰입 교육의 효과를 파악하기 위해 고려대 영어 교육과 교수 팀에게 연구를 의뢰했는데, 일반적인 영어 공부를 한 고등학생과 영어 몰입 교육을 한 학생의 차이가 거의 없다는 결과가 나왔습니다. 그런데도 영어 몰입 교육이 필요하다고 이야기할 수 있을까요? 영어 몰입 교육으로 교육의 질을 높일 수 있다는 것은 일종의 환상입니다. 오히려 각 교과 수업에 충실해야 진정한 교육의 질을 높일 수 있습니다. 그런 의미에서 저희 팀은 영어 몰입 교육을 반대합니다."

진우의 마지막 변론이 끝나고 선생님이 자리에서 일어났다.

"양 팀의 변론을 잘 들었습니다. 영어 몰입 교육은 영어 교육에 대한 사람들의 관심을 보여 주는 또 다른 현상입니다. 영어 실력이 없으면 뒤처진다는 불안감보다는 영어 공부를 왜 해야 하고 어떻게 하는 것이 더 올바른지 고민해야 합니다. 앞으로도 영어 공부에 대해 신중하게 생각해 보기를 바랍니다. 모두 수고했습니다."

"모두 박수!"

민서가 일어서서 박수를 쳤다. 아이들이 웃으면서 민서의 말에 호응하며 박수를 쳤다.

"오늘 토론을 끝으로 교육을 주제로 한 토론이 모두 끝났구나! 그동안 우리 토론반에서는 교육에 대한 다섯 가지 주제를 가지고 토론을 했어. 이번 토론을 모두 마치고 나니 어떤 생각이 드니?"

모든 토론을 끝내고 나자 선생님이 미소를 지으며 질문했다. 희수가 먼저 손을 들었다.

"교육은 우리에게 빼놓을 수 없는 주제지만 정작 우린 교육에 대해서 이야기해 본 적이 없었던 거 같아요. 이번 토론을 통해 교육에 대해 많이 생각할 수 있어서 좋았어요."

"맞아요. 예전엔 그냥 '공부는 왜 하는 거야?' 하며 투덜거리기만 했

었는데 지금은 스스로 답을 찾아가야 한다는 생각도 들어요."

찬민이가 고개를 끄덕이며 말했다.

"전 이번 토론이 너무 빨리 끝나서 좀 아쉬웠어요. 교육에 대한 토론을 할수록 알고 싶어지는 것도 많고 궁금해지는 것도 많았는데……. 어휴! 어느새 후딱 끝났네요."

민서가 아쉬운 마음에 고개를 갸웃해 보였다. 민서의 재미난 몸짓에 아이들이 웃음을 터뜨렸다.

"전, 제가 진짜 하고 싶은 공부를 할 생각이에요. 그래서 영어 공부를 본격적으로 하고 싶어요. 억지로 하는 게 아니라 제대로 된 영어 공부를 해 볼 거예요."

수민이의 이야기에 진우가 미소를 지으며 말했다.

"토론 때문에 자료를 찾으면서 알게 된 말인데 교육은 백 년을 바라보고 해야 한다고 하더라고요. 백 년이라는 말에 조금 놀랐어요. 앞으로 교육에 대해 생각하고 고민할 때 좀 더 다양한 생각을 듣고 신중하게 판단해야 할 것 같다는 생각이 들어요."

마지막으로 도현이도 손을 번쩍 들고 말했다.

"전, 교육에 대한 학생들의 생각을 어른들도 들었으면 해요. 우리도 토론을 준비하고 생각을 나누는 과정에서 교육에 대해 더 많이 고민하게 되었잖아요. 어른들이 학생들과 함께 교육을 고민할 수 있는 기회가 생긴다면 우리나라 교육이 올바른 방향으로 나아가지 않을까요?"

도현이의 말이 끝나자 아이들이 모두 고개를 끄덕였다. 선생님도 아이들을 하나하나 바라보며 말을 시작했다.

"너희가 이번 토론을 통해 교육에 대해 진지하게 생각할 수 있었다니 이번 토론의 목적을 충분히 이룬 것 같아서 선생님도 기쁘단다. 사실 우리가 이번에 다룬 교육에 대한 주제는 여러 가지 교육 문제 중 극히 일부에 지나지 않아. 하지만 이렇게 너희가 스스로 교육에 대해 고민한다면 앞으로 우리나라 교육의 미래는 밝을 거라고 생각해. 그리고 선생님은 너희가 이번 토론을 통해서 서로의 의견을 존중하고 자신의 생각을 정확히 이야기하는 것을 보고 감탄했단다. 좋은 교육은 단지 일방적으로 가르치는 과정이 아니라 학생과 선생님이 서로 배우는 과정이 되어야 한다고 하던데 그런 의미에서 선생님도 이번 토론을 통해 너희에게 많은 것을 배웠구나! 고맙다."

선생님 토론 소감을 마치자마자 민서가 활짝 웃는 얼굴로 말했다.

"와, 그럼 우리가 선생님의 선생님이 된 거네요?"

"뭐라고?"

"하하하하!"

토론반 선생님과 여섯 아이들 모두 웃음을 터뜨렸다.

함께 정리해 보기
영어 공부와 관련된 쟁점

'영어 공부는 중요하다.' 팀	논쟁이 되는 문제	'영어 공부가 가장 중요한 것은 아니다.' 팀
대학 입시와 취직에서 영어는 필수 과목이고 취직 이후에도 영어 공부를 계속해야 하기 때문에 영어 공부가 가장 중요하다.	영어 공부가 가장 중요한가?	영어와 관련된 전문 직업을 가진 사람이 아니라면 실무에서 영어를 거의 사용하지 않기 때문에 영어가 가장 중요한 것은 아니다.
언어 발달이 시작되는 유아기 때 영어를 접하고 배우면 좋은 효과가 있으므로 조기 유학은 영어 공부에 도움이 된다.	조기 유학은 영어 공부에 도움이 되는가?	어린 나이에 홀로 외국 생활을 하면 정서적으로 안정되지 않아 실패할 확률이 높고, 정체성에 혼란을 줄 수 있으므로 조기 유학은 영어 공부에 도움이 되지 않는다.
생활 속에서 영어를 배우는 영어 몰입 교육은 빠르게 영어를 습득할 수 있으므로 영어 공부에 도움이 된다.	영어 몰입 교육은 영어 공부에 도움이 되는가?	영어 몰입 교육은 다른 과목 수업을 제대로 이해하기 어렵거나 영어 실력에 따라 수준 차이가 심하게 벌어질 수 있으므로 영어 공부에 도움이 되지 않는다.